Amarração

Dinan Dhom Pimentel Sátyro

Amarração

Pelos Espíritos dos Pretos Velhos
Mãe Maria d'Além-Mar e Pai Oliveirina

1ª edição

AMARRAÇÃO
COPYRIGHT© NOVO SER EDITORA

Editor: *Cláudio Luiz Brandão José*
Capa e diagramação: *Rogério Mota*
Revisão: *Maria Flavia dos Reis Amambahy*
1ª edição *2013*
Impresso no Brasil *Printed in Brazil*

Rua João Vicente, 1125 — Bento Ribeiro
CEP 21340-021 — Rio de Janeiro — RJ
Tels.: (21) 3017-2333 / 3598-6213
www.novosereditora.com.br

Todos os direitos de reprodução, cópia, comunicação ao público e exploração econômica desta obra estão reservados única e exclusivamente para a Novo Ser Editora. Proibida a reprodução parcial ou total da mesma, através de qualquer forma, meio ou processo eletrônico, digital, fotocópia, microfilme, internet, CD-ROM, sem prévia e expressa autorização da Editora, nos termos da lei 9.610/98 que regulamenta os direitos de autor e conexos.

DADOS INTERNACIONAIS PARA CATALOGAÇÃO NA PUBLICAÇÃO (CIP)

S491v

Sátyro, Dinan Dhom Pimentel
 Amarração : pelos espíritos dos Pretos Velhos Mãe Maria d'Além-Mar e Pai Oliveirina / Dinan Dhom Pimentel Sátyro. — Rio de Janeiro : Novo Ser, 2013.
 235p. ; 21cm.

 ISBN 978-85-63964-87-8

 1. Espiritismo. I. Título.

CDD- 133.9

JOSÉ CARLOS DOS SANTOS MACEDO — BIBLIOTECÁRIO CRB7 N.3575

Sumário

Introdução 9

Capítulo 1 – A procura 13

Capítulo 2 – A consulta 17

Capítulo 3 – Se está bom, para que voltar? 22

Capítulo 4 – O regresso 25

Capítulo 5 – Amarração 27

Capítulo 6 – Em Tocantins 30

Capítulo 7 – Marcas do tempo 32

Capítulo 8 – Aruanda 35

Capítulo 9 – O céu e o inferno 38

Capítulo 10 – O espelho encantado 43

Capítulo 11 – A força do pensamento 47

Capítulo 12 – A vestimenta 53

Capítulo 13 – O reencontro 56

Capítulo 14 – A corrente 60

Capítulo 15 – A bola de cristal 65

Capítulo 16 – A poção mágica 68

Capítulo 17 – A culpa 73

Capítulo 18 – Perdendo as forças 78

Capítulo 19 – Invigilância 81

Capítulo 20 – O julgamento 86

Capítulo 21 – A ajuda espiritual 90

Capítulo 22 – O retorno a Tocantins 96

Capítulo 23 – O menino do sonho 99

Capítulo 24 – A oração 101

Capítulo 25 – O retorno a São Paulo 104

Capítulo 26 – A volta ao terreiro 106

Capítulo 27 – A Lei Áurea 111

Capítulo 28 – Saravá 116

Capítulo 29 – O restaurante 121

Capítulo 30 – Um restaurante diferente 128

Capítulo 31 – De branco 133

Capítulo 32 – A consulta com a baiana 137

Capítulo 33 – A comida acabou 143

Capítulo 34 – O retorno do menino 148

Capítulo 35 – A procura 152

Capítulo 36 – O menino faz contato 156

Capítulo 37 – As novas médiuns 160

Capítulo 38 – A Mãe pequena 164

Capítulo 39 – A cura 168

Capítulo 40 – O carma 172

Capítulo 41 – O código de Hamurábi 176

Capítulo 42 – Vestindo branco 180

Capítulo 43 – A cambone 185

Capítulo 44 – A consulta da apaixonada 188

Capítulo 45 – O quiumba 192

Capítulo 46 – O sonho 195

Capítulo 47 – Sabedorias de uma sacerdote de Umbanda 199

Capítulo 48 – A mudança 201

Capítulo 49 – O endereço 204

Capítulo 50 – O reencontro 206

Capítulo 51 – A conciliação 210

Capítulo 52 – O espelho 214

Capítulo 53 – Os obsessores 217

Capítulo 54 – Missão cumprida 221

Capítulo 55 – Francisco 223

Capítulo 56 – Osíris 227

Capítulo 57 – A união 233

Capítulo 58 – A reencarnação 234

Referências Bibliográficas 236

Introdução

"As religiões são caminhos diferentes convergindo para o mesmo ponto. Que importância faz se seguimos por caminhos diferentes, desde que alcancemos o mesmo objetivo?"

Mahatma Gandhi[1]

Vivemos em uma era de profundas mudanças.

Presenciamos mudanças climáticas, tecnológicas, de padrões sociais, morais e várias outras.

A cada dia novas tecnologias são disponibilizadas, e com pouco tempo de uso são substituídas por outras ainda mais avançadas.

Temos a impressão de que o ser humano atingiu grande desenvolvimento, mas será que isso é uma verdade?

Muito ainda temos a desenvolver.

Progresso não é apenas ter disponíveis modernos bens e serviços, mas sermos mais humanos também.

Preocupado com a vida exterior, o ser humano abandona a vida interior, e com isso abandona a si mesmo.

Sob o impulso dos nossos desejos, trocamos a cooperação entre irmãos pela palavra competição, e tratamos os nossos próximos por "concorrentes".

---

[1] N.E.: Mohandas Karamchand (1869-1948), líder político e espiritual indiano.

Amarração

Cria-se uma realidade mental de escassez, como se o Criador fosse limitado em prover tudo de que precisamos para viver com fartura neste planeta.

Assim pensando e agindo, passa o ser humano a viver em uma verdadeira selva, cheia de perigos, e a vida se transforma em um inferno.

Na ânsia de riquezas e poder, algumas pessoas perdem a cabeça, não medem as consequências, e quando obtêm o que tanto desejavam, veem que não valeu a pena o que fizeram.

Vamos tratar de um caso destes.

Boa leitura.

A Autora

"Não ame pela beleza, pois um dia ela acaba. Não ame por admiração, pois um dia você se decepciona. Ame apenas, pois o tempo nunca pode acabar com um amor sem explicação."

Madre Teresa de Calcutá[2]

---

[2] N.E.: Agnes Gonxha Bajaxhiu (1910-1997), missionária católica.

Capítulo 1

A procura

À altura em que ia se aproximando, notava o tamanho da enorme fila que se estendia até a entrada.

Deveria ser ali sim o local.

Ao chegar à porta, perguntou a fim de se certificar.

Confirmaram, pedindo para entrar ao final da fila, pois o atendimento era por ordem de chegada, exceto o atendimento preferencial, que não era o seu caso.

Ainda na fila, ficou sabendo pelas conversas que vinham pessoas de todos os lugares, com os problemas mais variados e complicados possíveis, e ao final de algum tempo a fila começou a andar, pois a porta finalmente se abrira.

Era no quintal de uma casa, que fora coberto qual um galpão, havia algumas cadeiras para as pessoas se acomodarem.

Vestidos de branco e com a camiseta na qual se via o ponto do terreiro de Umbanda, passavam os médiuns com os semblantes serenos.

Pareciam ser irradiados por invisível luz, que os deixava com uma vibração tão suave, e emanavam uma aura de intensa energia reparadora.

No horário certo, o pai de santo da casa tomou a palavra e fez uma pequena preleção, exortando a todos

Amarração

que mantivessem a fé, falou também sobre a necessidade do perdão e do amor ao próximo.

"Perdão, que perdão?" pensava ela.

"Gosto dele e é o que importa!" passava-se em sua cabeça.

Assim que a preleção acabou, os atabaques começaram a tocar e começaram as orações para o início da gira.

Tudo era muito místico naquele lugar.

Por todos os lados emanava uma atmosfera de paz, como ela nunca havia sentido antes.

Começou a sentir uma enorme alegria por estar ali, e intensa ligação ao Alto se fez.

Uma voz soava em sua mente, pedia para desistir do que estava por fazer.

Outra voz, porém, dizia para ela continuar, não deixar os seus propósitos.

E assim, dividida, foi começando a sentir o seu corpo ficar cada vez mais relaxado e por muito custo não caiu no sono ali mesmo, apesar do som intenso dos atabaques.

Após a preparação, os médiuns começaram a receber a incorporação de alguns Orixás, o que a assustou no início e o sono se dissipou.

O que seria aquilo?

Coisa do bem ou do mal?

A procura

Mesmo com dúvida, não ousava perguntar para quem quer que fosse ao seu lado, pois o silêncio era geral.

Naquele instante, algo percorreu o seu corpo e ela se sentiu cercada de intensa luz, que foi acalmando todo o seu ser, e uma enorme sensação de bem-estar tomou conta de todo o seu corpo.

"Aqueles 'tais de Orixás' devem ser coisa do bem", pensou ela, ou esta sensação tão boa não teria se apossado dela.

Os trabalhos continuavam e, com aquela luz inundando todo o seu ser, ela foi novamente sentindo uma grande sonolência.

Depois de algum tempo, uma pessoa a cutucou.

— Ei, estão chamando pelo seu número, é a sua vez na consulta.

Ela tentou se recompor o mais rápido possível.

Olhando para o relógio, viu que havia se passado quase uma hora, mas ela nem sentiu.

Que lugar encantado era aquele, que fazia profundas modificações em seu ser?

Que coisas estranhas estavam se passando com ela?

Deveria mesmo seguir e passar na consulta?

E mais uma vez a pessoa ao lado a tocou e disse:

— Ande logo, ou vai atrasar os trabalhos e prejudicar os que virão após o seu número.

Amarração

Ela, sem saber ao certo o que fazer, levantou-se como se fosse levada por algum ser invisível, e seguiu na direção da pessoa que chamava pelos números.

Uma mão amiga segurou em seu braço.

Era a de uma jovem, de sorriso muito bonito, que olhando para ela disse que iria conduzi-la ao médium de consulta.

— Mas você não é médium também? — perguntou ela.

— Sim, mas estou em desenvolvimento para um dia poder trabalhar com os meus guias na consulta. Atualmente sou cambone, auxiliar do guia da consulta.

Capítulo 2

A consulta

Ela não entendeu nada, mas retribuiu o sorriso da cambone e seguiu-a até a médium, que a aguardava.

Qual não foi a sua surpresa quando viu que a médium fora a sua antiga amiga no colégio.

Ela então abraçou a colega, chamando-a pelo seu nome, porém, a médium olhou-a bem e disse.

— A sua amiga não está no comando deste corpo neste instante. Ela cedeu-o a mim, para que pudesse ajudar as pessoas de boa-fé, e a todos os irmãos que pela porta desta humilde casa adentrarem. Mais tarde eu devolvo o comando do corpo a ela, filha. Você fala com Mãe Maria d'Além-Mar, preta velha, guia de Umbanda. No que posso ser útil?

Aquelas palavras caíram como que um raio em seu ser, e um arrepio da ponta dos pés até o cérebro se deu.

O que seria tudo aquilo?

Que estranhas energias eram estas que ela nunca havia sentido?

E as lágrimas desceram pela sua face, de tanta emoção.

O pranto era como um grito calado por anos em seu coração, que agora se liberava.

Amarração

Seu corpo começou a tremer e as lágrimas vinham cada vez mais volumosas.

Mãe Maria d'Além-Mar começou então a benzê-la.

Estranhas palavras eram ditas pela preta velha e sentimentos que ela não entendia eram sentidos em seu corpo.

Aos poucos ela foi serenando e uma sensação boa novamente tomou conta de todo o seu ser.

Conseguindo então voltar a falar, reuniu todas as suas forças e sem delongas foi dizendo sobre o que a trouxera ali.

— Estou apaixonada por um homem casado, pai de um filho. Já fiz de tudo, mas não consigo parar de pensar nele, por isso estou aqui para pedir para a preta velha ajudar a "amarrar" ele para mim.

A preta velha olhou para ela bem no centro de seus olhos.

Este olhar fez com que ela sentisse novamente um frio percorrer todo o seu corpo.

— Filha, sabe o que está pedindo? Isso é amarração, magia negra! Pensa que Umbanda trabalha com as forças das trevas?

E a preta velha continuou.

— Reparou em todo o trabalho de preparação do terreiro para o início das consultas? Você acha que iria ser preciso tanta oração ao Alto para trabalhar com o embaixo?

A consulta

"Amarração, filha, é uma faca com corte pelos dois lados, e quem usa uma faca assim, mais dia, menos dia, se fere. Quem amarra, também amarra a iniciativa, o amor e o vigor de quem está sendo amarrado, que assim irá viver ao seu lado como um verdadeiro 'morto-vivo', e ao final irá dar mais trabalho ainda.

"A Umbanda é religião, e como tal quer gerar o bem para todos, sem prejudicar ninguém. Se alguém sai prejudicado, isso não é Umbanda, por mais que alguém possa falar que seja.

"Qualquer religião que faça o mal a alguém não é digna de ser chamada de religião. Religião é a religação com o Alto, com Deus, nosso Criador, que na Umbanda, em alguns terreiros é chamado de Olorum, em outros de Olodumare, em outros Zambi, em outros Manu, de acordo com a corrente africana que rege o terreiro.

"É também a religação com as suas forças divinas, a quem chamamos de Orixás. Ou, se ficar melhor para entender, pode chamar de Santos, como são denominados no Cristianismo. Ou também de Sephirots,[3] como são chamados na Cabala Hebraica, ou pelo nome que a filha quiser dar a Eles.

---

[3] N.E.: *Sephirots* são anjos que são manifestações de Deus. São dez os *Sephirots*, e o primeiro dá origem a todos os seguintes: *Kether* – Coroa; *Chokmat* – Sabedoria; *Binah* – Inteligência; *Chesed* – Misericórdia; *Geburah* – Força; *Tipheret* – Beleza; *Netzach* – Vitória; *Hod* – Esplendor; *Yesod* – Fundamento; *Malkuth* – nosso universo material.

Amarração

"Como pode achar que divindades do Criador possam estar à disposição para prejudicar quem quer que seja? Filha, já pensou por que nas mais variadas igrejas seus adeptos se tratam por irmãos? É porque todos somos filhos de um mesmo Pai, de Deus, nosso Criador, Pai Olorum.

"E se todos somos irmãos, como pensar em prejudicar um filho para que outro se beneficie? Ou, no caso da amarração, ficar preso a você, para poder fazer com ele o que quiser, como um boneco de carne e osso?

"Amarrar, minha filha, é ter ao lado um ser sem vontade, pelo resto da vida. É aniquilar o livre-arbítrio da pessoa que será amarrada, transformá-la em alguém submisso a você.

"É como uma rosa que você compra na loja. Ela vem bonita, viçosa, mas com o passar do tempo, por mais que você cuide, ela vai murchando, e depois começa até a cheirar mal e apodrece. Isso porque ela foi cortada do seu pé, e não tem mais raiz ou terra para sustentá-la a crescer.

"A filha deveria vir aqui para pedir um grande amor, que fosse uma pessoa igual ou melhor que o homem casado, pai de família que quer 'amarrar', abrindo assim ao Alto os canais para trazer à sua vida alguém desimpedido, que pudesse ser o seu verdadeiro companheiro de jornada espiritual em seu atual estágio de vida."

Ela não sabia o que dizer, e o choro convulso foi a sua resposta às palavras da preta velha.

A consulta

Mãe Maria d'Além-Mar abraçou-a com carinho, o que a fez sentir uma enorme paz novamente percorrendo todo o seu ser.

O choro deu lugar a um sorriso, e ela saiu com as orientações da preta velha.

Capítulo 3

Se está bom,
para que voltar?

O tempo passou.

Dias depois ela ligou para a antiga colega de escola, que tinha incorporado a preta velha da consulta, e ficou surpresa em ver que a amiga não sabia o que havia acontecido, nem sobre o assunto tratado.

— Mas você não se lembra? — perguntou Nyla à médium.

— Claro que não, nós médiuns de Umbanda passamos por um esquecimento logo após as consultas, lembrando-nos apenas das lições que precisamos aprender também, porém, sem correlacionar os fatos aos consulentes.

E continuou.

— Só lembro de você ter ido ao terreiro, pois a vi momentos antes do início dos trabalhos, quando não havia mais tempo para ir abraçá-la. Não fosse isso, nem me lembraria da sua presença lá.

Nyla agradeceu, conversaram animadamente, recordando os tempos de colegiais, e se despediram.

Foi convidada a ir mais vezes tomar passes para manter o equilíbrio, para se harmonizar novamente, e seguir uma vida mais espiritualizada.

Agora que ela se sentia melhor, decidira levar uma nova vida e alimentar bons pensamentos.

Se está bom, para que voltar?

Prometera à preta velha que iria voltar todas as semanas ao terreiro, e estava determinada a manter a sua palavra.

Na semana seguinte, quando pretendia sair para o atendimento espiritual no terreiro, uma colega ligou.

Um grupo de amigos havia comprado ingressos para a apresentação de um cantor internacional que era a paixão dela.

Um dos amigos não poderia ir, então, para não perder o ingresso, a amiga pensou nela e ligou.

— Acho que não vai ter muito problema em não ir ao terreiro desta vez, mas com certeza na próxima semana estarei lá.

E foi se arrumar para assistir ao show à noite.

Na semana seguinte, na hora de se preparar para ir à assistência espiritual do terreiro de Umbanda, sentiu uma enorme dor na cabeça.

A dor era bem forte, e mesmo com analgésico parecia não melhorar.

"Não vou assim, neste estado" — pensou ela —, "vou faltar desta vez enquanto aguardo melhorar, e na próxima semana irei sem falta."

O que ela não reparou foi que minutos após ter tomado esta decisão de não ir ao terreiro a dor de cabeça passou como que por encanto, mas ela estava tão entretida assistindo televisão que nem percebeu o que estava ocorrendo.

Amarração

Na outra semana, dia de assistência espiritual, quando estava se arrumando para ir ao terreiro, a luz do prédio se apagou.

Houve uma falta de luz no bairro, sem previsão de retorno.

"Eu não vou assim para o terreiro", pensou ela.

"Imagine eu voltar sozinha por esta escuridão, depois dos trabalhos", dizia para si mesma.

Alguns minutos após, a luz voltou, mas como ela já havia se trocado, e tinha receio que nova falta de luz pudesse acontecer, decidiu não ir.

Como aparentemente ela se sentia melhor, voltou às suas atividades normais do dia a dia, e nunca mais pisou no terreiro ou frequentou qualquer outra casa religiosa.

Capítulo 4

O regresso

Quatro anos se passaram.

Novamente ela andava em direção à fila do terreiro de Umbanda.

A fila agora estava bem maior e ela teve que andar bem mais para pegar o final da fila.

Seus passos eram pesados, como se bolas de chumbo estivessem atadas aos seus pés.

Sentia-se bastante envelhecida e suas roupas já não tinham mais o brilho de antes.

No horário certo, as portas se abriram e todos começaram a andar.

Ela então reparou que havia um número bem maior de médiuns agora, sempre com aquele ar sereno e era como se uma luz invisível se irradiasse deles.

Novamente a preleção realizada pelo pai de santo da casa se fez.

Quando ele começou a falar sobre o amor ao próximo, ela sentiu todo o seu corpo sacudir, e lágrimas abundantes escorreram de seus olhos.

As palavras daquele sacerdote atingiam o seu corpo qual flechas que voam à noite.

Amarração

Soluçando, tentou se controlar, mas era algo além das suas forças.

Um arrependimento enorme tomou conta de seu ser e a dor se fez muito forte.

Subitamente, ela viu luzes vindo em sua direção.

Viu que as mesmas eram lançadas diretamente do altar, ou congá, como chamam na Umbanda, o que fez com que um sono profundo se apossasse dela, e adormeceu sentindo em sua boca o sal de suas próprias lágrimas.

Mesmo os toques dos atabaques não foram suficientes para acordá-la.

Horas mais tarde acordou, quando então ouviu chamarem o seu número para a consulta.

Qual não foi a sua surpresa, quando viu que caíra novamente com a antiga colega de escola, ou melhor, com a mesma preta velha — Mãe Maria d'Além-Mar — que a atendera quatro anos atrás.

— No que posso ajudá-la? — perguntou mais uma vez a preta velha.

A única coisa que ela conseguiu responder foi:

— Estraguei toda a minha vida e de muita gente à minha volta.

Foi tudo o que conseguiu falar, antes que grossas lágrimas corressem de seus olhos, e todo o seu corpo começasse a tremer.

Capítulo 5

Amarração

A preta velha começou então a ministrar passes espirituais pela sua frente, enquanto por suas costas, intenso trabalho de descarrego era feito pelos guias de esquerda — Exus, Pombagiras, Exus mirins e Pombagiras mirins.

Ela foi aos poucos se recompondo e o choro deu lugar a um triste e amargurado sorriso.

A preta velha dirigiu-se então a ela, vendo tudo o que ela procurava esconder dentro de seu peito, guardado a sete chaves, disse:

— "Amarrou" o homem casado, pai de família, não foi, filha? E agora não aguenta mais, não é?

Segurando um lenço de papel trazido por um cambone, ela só conseguiu balançar com a cabeça confirmando o que a preta velha havia visto.

Tomando coragem, começou a dizer:

— Mãe, eu estraguei a minha vida e a dele.

Saí daqui há quatro anos e não procurei mais esta casa, ou qualquer outra. Estava fortalecida e não lembrei que assim como o homem precisa do pão para se alimentar, a alma precisa da religiosidade para se manter ligada ao Alto.

"Depois de algumas semanas, novamente a paixão por aquele homem casado se deu, e como sabia que aqui na

Amarração

Umbanda só se trabalha para a Luz, procurei um desses lugares onde se faz qualquer coisa por dinheiro.

"Pediram uma grande quantia para trazê-lo aos meus pés, mas como não tinha todo este valor no momento, disseram que por uma quantia menor poderiam fazer algum trabalho para que ele passasse a me notar, e, se eu gostasse, poderia voltar com a quantia para amarrá-lo definitivamente a mim. Paguei a quantia menor e fizeram o trabalho.

"Não deu muito tempo, e ele, que até então parecia nem perceber a minha presença, começou a me notar.

"Gostei da ideia de ele agora reparar em mim, e vendo que o trabalho feito deu certo, comecei a juntar o dinheiro para fazer a 'amarração' definitiva. Fingi que estava doente para pedir dinheiro a parentes e amigos, vendi parte de meus bens, trabalhei aos finais de semana, até conseguir todo o dinheiro para pagar o trabalho de 'amarração', que traria ele para mim inteiramente.

"Naquele ponto, ele e eu já nos falávamos e eu procurava por todos os meios ficar perto dele o maior tempo possível, mas ainda assim ele parecia me evitar e só querer amizade comigo.

"Depois que foram feitos os trabalhos de 'amarração', tudo mudou entre nós, foi como se ele só visse a mim. Aí ele é que começou a 'dar em cima de mim'.

"Brigou com a esposa de uma hora para a outra, largou o filho que tanto amava, e dedicou todo o seu amor só

Amarração

a mim. A esposa dele, percebendo tudo, começou a me atacar, ligava me ofendendo...

"Foi quando procurei novamente a casa onde fizera a 'amarração', e pedi para afastarem ela de mim; é claro que tive que dar mais dinheiro para este trabalho também, mas naquela época eu pouco me importava com as consequências, queria realizar os meus desejos, e ai de quem estivesse à minha frente bloqueando meus desejos.

"Não deu muito tempo e a esposa dele caiu doente, assim ele veio aos meus braços 'como um cachorrinho'.

"Decidi me mudar de São Paulo e fui morar em Tocantins, onde ninguém nos conhecia."

Capítulo 6

Em Tocantins

E Nyla continuou a falar na consulta.

— Lá começamos um negócio, que nos gerou uma boa renda por algum tempo, e vivíamos felizes.

"Engravidei dele assim que pude, e com o adiantado da gestação já não podia ficar à frente dos negócios, que ficaram então inteiramente nas mãos dele.

"Com o passar do tempo, ele foi ficando esquisito, deixando-se ficar em frente à televisão cada dia mais tempo. Passou a não ter mais ânimo para trabalhar em nossa fonte de sustento.

"Pensei que o nascimento de nossa filha o tivesse afetado de alguma forma, e tentei reanimá-lo várias vezes, porém, ele ficava a cada dia mais parado.

"Contratei uma babá para ficar com nossa filha e tomei a frente dos negócios. Tive que trabalhar por dois para manter a nossa vida, e, apesar de tudo o que fazia para animar o Francisco, ele parecia não reagir. Era como aquela rosa que a senhora disse que ia murchando, pois fora cortada à força da sua raiz.

Ele começou a beber, a brigar comigo o tempo todo, pelos mínimos erros que cometia, e o dinheiro começou a faltar.

Em Tocantins

Eu fazia de tudo para ter o que comer e dar o básico à minha filha. Foi então que ele sofreu um infarto e sua saúde se agravou.

"Agora, além de cuidar da minha filha, tinha também que cuidar dele, que nem mais a barba queria fazer e tomava banho com dificuldade.

"Rezei muito, como nunca havia rezado antes, e de joelhos pedia desculpas por toda a insanidade que cometi ao amarrar a vida dele à minha, destruindo a família que ele tinha com sua esposa, Acácia, em São Paulo.

"Um dia, fiz as malas dele e o expulsei de casa, pois não aguentava mais aquela vida ao seu lado. Ele chorou muito, como uma criança, sem forças para reagir às minhas duras palavras, e saiu pela porta.

"No dia seguinte, bem cedo, quando saí para comprar o pão, lá estava ele sentado junto ao portão de nossa casa, com as malas ao lado.

"Disse para ele ir embora, que não o queria mais, porém, a única coisa que Francisco disse foi:

'— Eu não consigo largar você. Também quero viver longe de você, mas não consigo.'

"Chorei muito e o coloquei de volta para dentro de casa."

Capítulo 7

Marcas do tempo

Nyla agora olhava para o chão, seu coração doía em rememorar tudo aquilo.

— Olhei para ele com enorme arrependimento pela "amarração" que fizera, e só então notei como ele havia envelhecido, parecendo ter mais do que o dobro da idade.

"Os cabelos brancos adiantadamente, o rosto cheio de rugas, enorme barriga, o tempo como que o devorava. Parecia ir envelhecendo muito rapidamente, a cada dia que se passava.

"Aquele dia da consulta que fiz com a senhora, preta velha, quatro anos atrás, veio toda à minha mente, clara feito dia.

"Não sabia o que fazer, e desde então a minha vida tem sido um inferno. Sempre lutando com grande sofrimento, fui vivendo a cada dia da forma que dava. Pedia dinheiro emprestado para manter a minha filha, que é a minha única alegria na vida, enquanto ele definhava a cada dia.

"Certo dia, Francisco levantou-se da cama mais cedo, parecia bem-disposto e animado.

"Fiquei tão contente, preta velha, parecia que o meu querido marido havia voltado, depois de anos. Pediu para fazermos juntos uma prece e de joelhos rezamos de mãos

Marcas do tempo

dadas. Pedi desculpas em meu coração, por todos os meus erros, e roguei para que Deus me perdoasse. Também pedi para que Deus perdoasse meu marido, pois ele tinha se transformado em um morto-vivo por minha causa, e já não era mais senhor dos seus atos como uma pessoa normal.

"Tomamos o café da manhã juntos, e ele disse que iria procurar um emprego, ou uma forma de ganhar a vida honestamente.

"Pedi para ele ficar em casa, porém, ele insistiu dizendo que estava bem e que precisava de uma vida nova.

"A noite chegou, mas meu marido não. Pensei que ele pudesse ter encontrado um emprego e quem sabe estivesse trabalhando à noite, por isso fui dormir abraçada à minha filha, que não parava de perguntar sobre ele. 'O papai está bem, amanhã cedo ele volta, prometo a você', foram as últimas palavras que disse à minha filhinha antes de dormir, lembro até hoje.

"Bem cedo, na manhã seguinte, fui acordada por fortes batidas na porta.

"Era a minha vizinha, dizendo que soubera por um amigo que meu marido havia passado mal, e estava internado em um hospital próximo de casa.

"Deixei minha filha com a vizinha e corri para vê-lo, mas era tarde. Ele não resistira a outro infarto, morreu poucas horas após chegar ao hospital.

"Desde a morte dele, vejo seu vulto em nossa casa.

Amarração

"Quando passo pela sala, sinto a presença dele sempre estirado na poltrona em frente à televisão.

"Ouço ele dizer para mim:

'— Também quero ficar longe de você, mas não consigo.'

"Pelo amor de Deus, preta velha, me ajude a encaminhá-lo e me tire a vida, pois também não consigo mais viver com tanto remorso!"

Capítulo 8

Aruanda

A preta velha ministrou uns passes e Nyla caiu em sono profundo.

Foi transportada em espírito para um lugar lindo, em um céu de profundo azul.

Árvores frondosas abrigavam pássaros que ela nunca havia visto aqui na Terra, e cantavam com intensa harmonia e beleza, como jamais ouvira outras aves cantar.

Uma temperatura suave se fazia em todo o local, e intenso perfume de flores irradiava-se por toda a parte.

Só então reparou que estava à frente de uma enorme casa, circundada por luzes coloridas, que como um verdadeiro arco-íris, circulavam em toda a volta.

Havia portas enormes nesta casa, que foram aos poucos se abrindo.

À medida que as portas se abriam, intensa luz saía lá de dentro.

Ela passou a se sentir leve novamente.

Com as portas já totalmente abertas, viu surgir lá de dentro a preta velha cercada por intensa luz.

Seus olhos eram como diamantes, de tanto brilho que irradiavam, e sobre sua cabeça uma luz dourada se fazia, tal qual uma coroa real.

Amarração

Então a preta velha, que não era mais nem preta, nem velha, com um sorriso amoroso nos lábios, a convidou a entrar na casa.

Ao chegar à beira da porta, intensa luz se fez à sua volta.

Sentiu-se como que tomando um banho de luz, e suas vestes, com as cores já desgastadas pelo tempo, voltaram a ser como novas.

Foi sentido suas energias renovadas, quando a preta velha segurou-a pela mão e a trouxe para dentro da casa.

— Onde estamos? — perguntou Nyla à preta velha.

— Estamos em uma das colônias de Aruanda — respondeu Mãe Maria d'Além-Mar.

— Mas o que é Aruanda?

— Aruanda, filha, é a terra sagrada dos Pais e Mães Orixás, é daqui que eles comandam as suas forças para atuarem para o bem da Terra, o nosso planeta amado.

Estamos em uma colônia de reconciliação, onde as pessoas procuram se entender, para seguirem adiante pela vida, como espíritos encarnados ou desencarnados.

— Que coisa de encarnado e desencarnado é essa? — perguntou ela.

— Não há morte, filha, o corpo é que morre, mas o espírito continua liberto, vivo. Dizemos encarnado quando o espírito está na carne, no corpo; e, quando deixa em definitivo aquele corpo, dizemos desencarnado.

Aruanda

— E quando morre, ou melhor, desencarna, a gente vem para cá?

A preta velha então começou a explicar.

— Nem sempre, filha, assim que há a desencarnação, nosso Pai Omulu, o Orixá que rege a morte do corpo físico, corta em definitivo nossa ligação com o corpo de carne, e neste momento em nossa mente passa-se um filme de toda a nossa vida.

"Em frações de segundos vemos tudo o que fizemos durante este período em que estivemos encarnados na Terra, assim como fatos anteriores a esta vida.

"E o nosso juiz, filha, é o mais cruel de todos os juízes que se passaram pela face da Terra, somos nós mesmos.

"Pai Xangô só nos olha, e nós mesmos nos julgamos. Este é o momento do nosso julgamento, presidido por Pai Xangô, o Orixá da Justiça, que fica junto a nós para abrandar a pena, quando somos muito cruéis em nosso próprio julgamento; e para fazer valer a Lei Divina, quando pensamos poder enganar as Leis de Deus, nosso Pai Olorum.

"Após este instante, com a sentença que demos a nós mesmos, nosso espírito é encaminhado ao portal de luz do Pai Obaluaiê, o Orixá da Transformação, que abre um portal para sermos então conduzidos a uma das colônias de Aruanda, ou a um dos sete subplanos dos Umbrais.

Capítulo 9

O céu e o inferno

Nyla estava cheia de dúvidas e tinha fome de saber.

Desdobrada em espírito, perguntou à preta velha:

— Quer dizer que o Inferno existe mesmo?

— Sim e não — respondeu a preta velha. — Sim, porque é o lugar do fogo consumidor das paixões, onde as pessoas colhem o que plantaram na Terra, durante a sua existência.

"Lembra-se de que Jesus disse que aquilo que semeamos, colheremos?", continuou a preta velha.

"Pois bem, é neste fogo que os espíritos ignorantes da Luz viverão, até tomarem consciência do mal que praticaram em suas vidas.

"Isso é para que possam pensar, se arrepender e para que clamem pela redenção.

"E a resposta à sua pergunta sobre o inferno é também não. Não existe o inferno de penas eternas, onde os espíritos lá ficarão por toda a eternidade. Lá ficarão apenas o tempo necessário para as suas renovações.

"Não há penas eternas para os espíritos, uma vez que, por pior que eles sejam, um dia evoluirão."

— Ah — respondeu Nyla ainda meio zonza com toda aquela carga de informações.

O céu e o inferno

E mais perguntas que não se faziam calar.

— Ouvi a preta velha falar em Jesus. Na Umbanda também cultuam Jesus?

— Sim, filha, cultuamos a Jesus e a todos os grandes espíritos de Luz que vieram à Terra para trazer a mensagem de Paz, Amor e Fé.

"Em alguns terreiros, Jesus é considerado o próprio Pai Oxalá, o Orixá da Fé, enquanto em outros, Jesus é uma das maiores irradiações de Pai Oxalá sobre a Terra.

"Varia a interpretação, mas o resultado é o mesmo. Bebemos dos ensinamentos de Jesus sim, filha.

"Na Umbanda seguimos também os ensinamentos de Jesus Cristo, Paulo de Tarso,[4] Thot,[5] Hermes,[6] Abraão,[7] Moisés,[8] Buda (Siddharta Gautama),[9] Mahatma Gandhi, Madre Teresa, Maomé,[10] Krishna,[11] Vivekananda,[12] Tagore,[13]

---

[4] N.E.: Fariseu, doutor da Lei, perseguidor de cristãos; convertido ao Cristianismo, tornou-se apóstolo do Cristo (nascido entre 5-15, morto entre 62-67 d.C.).

[5] N.E.: Deus egípcio da sabedoria e da escrita. No Tribunal do Além, era o juiz que pesava as almas.

[6] Deus grego dos viajantes, comerciantes e ladrões, mensageiro dos deuses, guia das almas.

[7] N.E.: (Séc. XIX a.C.), patriarca bíblico.

[8] N.E.: (Séc. III a.C.), libertador e legislador de Israel.

[9] N.E.: (Nascido entre o séc. VI e V a.C.), príncipe que abandonou o luxo em busca de iluminação espiritual.

[10] N.E.: Muhammad (570 ou 580-632 d.C.), profeta do Islã.

[11] N.E.: Divindade hindu.

[12] N.E.: Swami Vivekananda (1863-1902), monge hindu.

[13] N.E.: Rabindranath Tagore (1861-1941), escritor e poeta indiano.

Amarração

Maharishi,[14] Lao Tsé,[15] Confúcio,[16] Chuang-Tsé,[17] Sócrates,[18] Platão,[19] Zaratustra,[20] Guru Nanak,[21] Bahá'u'lláh[22] e vários outros grandes enviados divinos.

"Seguimos também os ensinamentos transmitidos por todas as pessoas à nossa volta, sejam elas: nosso vizinho, chefe, subalterno, e até um anônimo desconhecido, filha.

"Todos têm alguma coisa positiva que possam nos transmitir. Todos são um reflexo da Sabedoria de Deus.

"A Luz não está nas mãos de poucos, mas dispersa nas mãos de muitos, daí a dificuldade de percebermos quando estamos recebendo esta Luz."

---

[14] N.E.: Maharishi Mahesh Yogi (1918-2008), guru indiano.

[15] N.E.: (Séc. VI ou V a.C.), filósofo chinês.

[16] N.E.: Kongzi ou Kongfuzi (551-479 a.C.), literato e filósofo chinês.

[17] N.E.: (Séc. IV a.C.), filósofo taoista chinês.

[18] N.E.: Filósofo grego (470-399 a.C.).

[19] N.E.: Filósofo grego, discípulo de Sócrates (427-347 a.C.).

[20] N.E.: Reformador do masdeísmo (religião do Irã antigo, revelada ao profeta Zoroastro ou Zaratustra, e que admite dois princípios: um, bom, deus de luz, criador, e o outro, mau, deus das trevas e da morte, que travam um combate decisivo para o destino da humanidade).

[21] N.E.: (1469-1539), fundador do siquismo: uma das quatro maiores religiões da Índia, que nasceu de uma tentativa sincrética de aspectos doutrinais do Hinduísmo e do Islamismo.

[22] N.E.: (1817-1892), fundador da Fé Bahá'í (que enfatiza a unidade espiritual da humanidade), a mais jovem das grandes religiões mundiais.

O céu e o inferno

Os nomes de Deus

E à medida que Mãe Maria d'Além-Mar falava, mais luz se fazia à sua volta.

— Cada ser humano é filho do Criador Único, que na Umbanda como já disse, em alguns terreiros é chamado de Olorum, em outros de Zambi, em outros de Olodumare, assim como em cada religião dá-se um nome ao Criador Único.

"Na tradição semita e judaica é chamado: YHVH, Adonai, Shekhinah, EL, AL, AH...

"Para os muçulmanos temos Alá, além de o Criador ser referido por 99 nomes no *Alcorão*.

"Na cultura hindu temos: Aum, Brahman (que se divide em seu aspecto trino em Brahma, Vishnu e Shiva), além de outros nomes.

"Na Grécia chamavam a Deus de Urano.

"Já na cultura persa, denominavam-no de Ahura Mazda, Ormuzd ou Mazdeô.

"Os maçons se referem a Ele como o Grande Arquiteto do Universo.

"A Fraternidade dos Magos do Grande Oriente Luminoso se referem a Deus como Yayê.

"No Xintoísmo, Ele é denominado de Izanagi ou Izanami.

"Assim como na tradição tupi-guarani, chamavam-no de Tupã, Tupi.

Amarração

"Como você pode ver, vários nomes, em várias culturas, mas o Criador é um só. O importante é que nós estejamos sempre ligados a Deus, filha, para que Ele possa estar em nós e agir através de nós.

"Khalil Gibran escreveu esta bela passagem: 'Quando amais, não deveis dizer: — Deus está em meu coração —, mas dizei antes: — Eu estou no coração de Deus.'

"Alguns acham que a Umbanda é uma colcha de retalhos, por retiramos ensinamentos de tantas fontes diferentes. Mas colcha de retalhos ou não, temos a nossa individualidade, o nosso credo, a nossa liturgia. Afinal, filha, cada colcha de retalhos é diferente da outra, não é mesmo?

"Deus, nosso Pai Olorum, é um só, mas as estradas que conduzem a Ele são caminhos diferentes e cada qual deve trilhar o que tenha mais afinidade consigo, sem se preocupar com os outros caminhos.

"Deus, nosso Pai Olorum, não fundou as religiões, nós é que as fundamos para podermos chegar até Ele.

"Traçamos estradas de conduta para não nos desviarmos do caminho que chega ao Pai Olorum. E cada um segue a que mais se afinizar.

"A minha, filha, é a Umbanda."

Capítulo 10

O espelho encantado

Neste momento, a intensa luz que cobria todo o interior da casa foi sendo reduzida e ela pôde começar a ver melhor o ambiente.

Era um enorme salão, com uma decoração simples, mas muito harmoniosa.

Atrás da preta velha, começaram a surgir uns vultos, que foram aos poucos tomando forma.

Ao lado esquerdo da preta velha, viu-se o espírito de seu ex-marido, Francisco, desencarnado.

E ao lado direito da preta velha, havia como que uma grande televisão, pela qual se podia ver as imagem da primeira esposa dele, Acácia e o filho deste primeiro casamento, Ricardo.

O simples fato de ver Acácia, encheu Nyla de ódio.

Isso fez com que sua roupa começasse a perder as cores, tornando-se preta.

De sua cabeça começaram a surgir raios, que eram disparados contra as imagens daquela espécie de televisão, e uma nuvem escura e malcheirosa começou a sair de seu corpo.

Amarração

A preta velha, vendo aquilo, direcionou as mãos para a tela daquela espécie de televisão, que se transformou em um grande espelho.

Nyla então pôde se ver no espelho.

Suas feições haviam se modificado.

Parecia agora uma pessoa com o rosto todo deformado, olheiras profundas deixavam o seu rosto aterrorizante, de seus olhos saíam raios de luzes avermelhadas, e sua pele tornou-se toda enrugada e escurecida.

Quando ela se viu daquela forma, chegou a gritar de medo da própria imagem.

Foi então que os raios que eram lançados de sua mente, começaram a bater no espelho e retornar para ela mesma.

Começaram a atingi-la por todos os lados de seu corpo, rasgando sua roupa e atingindo sua pele.

Sentindo a intensa dor de seu próprio ódio, retornado pelo espelho, rolou no chão, gemendo de dor.

— Viu, filha, quanto ódio ainda há em seu coração? — disse a preta velha.

"Lá na Terra, as pessoas não percebem a força dos pensamentos, por isso há tanto desajustamento.

"Somos todos seres divinos com enormes potencialidades. Não é de se assustar quanto a isso, filha, pois como somos todos filhos de Deus, nosso Pai Olorum, o Criador, somos pequeninos deuses. Afinal, filho de uma

O espelho encantado

divindade, será sempre uma divindade, assim na terra quanto nos céus.

"Na Terra também é assim, filhos de reis são príncipes e princesas. E mesmo que um príncipe ou princesa tenha sido roubado ainda pequeno(a) e criado(a) afastado(a) do castelo, mesmo sem saber de sua origem real, serão sempre príncipes e princesas, filha. Há vários contos ditos 'de fadas' que falam sobre isso na Terra, você já deve ter lido ou ouvido falar sobre eles.

"Pois assim somos todos nós. Somos todos filhos do Criador, o Rei dos Reis, e, como tal, temos o sangue, a essência do Criador em nossas veias materiais e espirituais.

Somos, portanto, pequeninos criadores, assim como o príncipe e a princesa são pequeninos reis e rainhas.

"Um dia saímos do útero divino, a morada de Deus, nosso Pai Olorum, o Criador, de onde fomos gerados puros, porém, ignorantes.

"Ignorantes no sentido de ignorar, de desconhecer as coisas, não no sentido de ser estúpido ou malcriado.

"E saímos de lá em uma jornada de estudos, a fim de aprimorarmos nossa essência divina, assim como o estudante sai de casa para ir à escola aprender.

"Nossas vidas são pequenas lições, oportunidades de aprendermos a cada dia. E assim a vida vai ensinando e despertando cada vez mais as nossas potencialidades adormecidas. Vamos captando conhecimento das mais variadas fontes, com os nossos pais, amigos, professores, conhecidos, por meio de livros, palestras e todas as formas

Amarração

de comunicação que chegam até nós, como a televisão, o cinema, teatro, rádio, jornal, Internet e vários outros que ainda estão para chegar à Terra mais adiante.

"Quando este conhecimento é interiorizado e passa a fazer parte de nosso ser, o chamamos de sabedoria.

"Já não é mais algo externo, mas algo que está dentro de nós.

"E a sabedoria com amor é o objetivo de todos nós. De nada adianta muito saber e usar o conhecimento para prejudicar as pessoas, nossos próprios irmãos."

Capítulo 11

A força do pensamento

Nyla olhava para a preta velha e, ao mesmo tempo em que aprendia tudo aquilo, se admirava de tanto conhecimento.

E a preta velha continuou:

— Quando agimos contra a Lei Divina, a de nosso Pai Xangô, Orixá da Justiça, a Lei se volta contra nós, implacável.

"A única forma de podermos deter este retorno é pelo arrependimento e pelo reparo, pela correção do mal feito. Quando não corrigimos o mal que fizemos, a Lei Divina se volta contra nós, trazendo o que os antigos hindus chamavam de carma.[23] Por outro lado, quando o mal é reparado, ou quando ajudamos a criação divina de alguma forma, adquirimos o que os hindus chamavam de darma.[24]

"Em algumas obras espíritas kardecistas é usada a expressão 'bônus hora' para designar a acumulação de

---

[23] N.E.: No hinduísmo e no budismo, lei que afirma a sujeição humana à causalidade moral, de tal forma que toda ação (boa ou má) gera uma reação que retorna com a mesma qualidade e intensidade a quem a realizou, nesta ou em encarnação futura.

[24] N.E.: No hinduísmo, conjunto dos princípios que regem a conduta individual, a vida moral e social.

Amarração

darma. Segundo a qual a cada hora de ajuda ao próximo é acumulado um 'bônus', ou seja, um crédito que poderá ser trocado para pagar, para quitar um carma.

"Como filhos do Criador, somos cocriadores também e estamos criando a todos os instantes. Seja trabalhando, fazendo alguma coisa, ou até não fazendo nada, a nossa mente está continuamente trabalhando.

"O trabalho da mente é a formação de pensamentos. Toda vez que pensamos em alguma coisa, como cocriadores divinos, como príncipes e princesas reais, nossos pensamentos geram energia externa a nós, formando o que chamamos de 'formas pensamentos'. Estas 'formas pensamentos' são como pequenas imagens que vão sendo formadas à nossa volta.

"Veja por exemplo: Imagine agora uma praia, de águas cristalinas, tão transparentes que possa ver os seus próprios pés, com uma areia bem branquinha e limpa, vasta vegetação verdejante ao redor, e um enorme Sol dourado banhando você de intensa luz."

Mãe Maria d'Além-Mar falava e à sua volta formava-se a imagem da praia, com as água claras, que vinham banhar os seus pés, o Sol dourado ao fundo e pássaros voando ao longo do céu azulado, como se ela estivesse dentro de algum filme.

Nyla ficou muito impressionada com toda aquela transformação.

— Viu, filha, o que pensamos toma forma! Por isso Jesus pediu cuidado para com os nossos pensamentos.

A força do pensamento

"Na Terra se dá o mesmo que você viu à minha volta agora, com a imagem da praia. Cada vez que alguém pensa em alguma coisa, aquele pensamento vai se formando à volta da pessoa.

"Quando você tem pensamentos do bem, as pessoas que estiverem à sua volta captarão aqueles pensamentos e sentirão um enorme prazer por estar ao seu lado. Quando, porém, pensamos coisas do mal, aquela imagem mental negativa vai se formando à nossa volta, e quem chega perto de nós se sente muito mal, fruto de toda esta negatividade.

"Como lá na Terra poucos têm a vidência espiritual desenvolvida, não conseguem ver o que acontece, porém, todos sentem, pois a forma pensamento é energia emanada por nossas mentes, e, portanto, criação nossa. Criação às vezes boa, outras ruim, porém, criação.

"Você já entrou em algum lugar onde tenha havido grande discussão? Mesmo que as pessoas tenham saído de lá, a atmosfera continua densa, desequilibrando os que entrarem depois nestes ambientes.

"Quando duas pessoas se insultam, além dos insultos que uma diz para a outra, formas pensamentos de todos os tipos são criadas.

"Em uma discussão, nós, espíritos, e os videntes na Terra, podemos ver armas mentais energéticas sendo lançadas pelas pessoas que discutem, umas contra as outras. Lanças, espadas e até tiros mentais são disparados de ambos os lados, é uma cena terrível. Cada um procura

Amarração

atingir o outro de todas as maneiras, para subjugá-lo à sua vontade ou opinião.

"Com isso, você pode imaginar como os encarnados são submetidos a tantas forças mentais negativas diariamente.

"Já imaginou quem trabalha no judiciário, delegacias de polícia, forças armadas, presídios, manicômios e tantos outros locais para onde acorrem partes em conflito?

"O simples ato de pensar desperta formas pensamento de todo tipo, que vão sendo formadas ao redor de quem pensa ou em volta da pessoa em quem se pensa. Daí a intensa proteção do Alto para todos nós.

"Muitas vezes pacientes com insuficiência respiratória nada mais são do que formas pensamento, alimentadas por espíritos das trevas enforcando o paciente. O médico tenta salvar o doente com medicamentos químicos, que é o que ele tem disponível, mas a causa é espiritual.

"Em uma sala de cirurgia, você não imagina o número de trabalhadores abnegados do plano espiritual que cooperam com o ato cirúrgico!"

Ciência e religião

— A medicina deveria aliar-se à espiritualidade.

"Ao menor sintoma, todo o doente deve procurar um médico, mas este também precisa se abrir mais para a realidade que ele não vê.

A força do pensamento

"A espiritualidade está sempre indo ao nosso amparo, porém, nem sempre nós paramos para receber a ajuda.

"Em todos os lugares onde haja um sofrimento, abnegados trabalhadores do bem lá estão para ajudar. Contudo, alguns não se ligam a esta ajuda, e sob o embate das forças das trevas, acabam se afundando sob esta carga tão tenebrosa de formas mentais sombrias.

"Já viu aquelas reuniões em empresas, em que mais se briga do que se resolve alguma coisa?

"Dá para imaginar quando todos saem daquelas reuniões? Uns saem com lanças e espadas espirituais cravadas por todo o corpo, outros com ferimentos espirituais que dão origem a doenças de todos os tipos. Superiores e subordinados em luta espiritual violentíssima, apesar dos sorrisos fingidos que vemos depois destas verdadeiras batalhas campais.

"E profissionais atingidos desta forma só atraem mais doenças espirituais ainda, contagiando toda a empresa, que aos poucos vai ficando 'doente' também. A vibração pesada acaba impregnando tudo e todos, até os produtos ou serviços gerados pela empresa, e os clientes também sentem isso.

"Os clientes, que são nada mais nada menos que seres encarnados, portanto, seres sensíveis, sentem a vibração pesada e acabam preferindo o produto ou o serviço do concorrente, pois aquela vibração os atinge quando se aproximam, como que os impedindo de adquirir o produto ou serviço.

Amarração

"Os profissionais da Terra ainda não se ativeram a isso.

"Pessoas que trabalham assim deveriam pensar em frequentar alguma casa de oração, e, quando falo casa de oração, não falo só de terreiro não. Falo também em frequentar o culto com o qual você mais se afinize. Seja a igreja católica ou evangélica, a sinagoga judaica, a mesquita muçulmana, o templo budista, taoista, xintoísta, hinduísta, a roça de candomblé... seja lá onde esteja a sua afinidade religiosa, não deixe de se dirigir ao menos uma vez por semana para se recarregar."

Capítulo 12

A vestimenta

A preta velha fez uma pausa e então continuou.

— Quando um homem ou uma mulher olham o outro com cobiça, com profundo desejo sexual, irradiam formas pensamentos. Como pensamento atrai pensamento, aqueles que se afinizam, se atraem.

— E as pessoas sentem isso? — perguntou Nyla.

— Elas não veem, mas sentem.

"Já viu mulheres andando com enormes decotes pelas ruas, para mostrar para todo mundo que são *sexy*? A cada esquina uma forma pensamento se faz sobre as partes mais expostas de seus corpos, e com isso espíritos doentios, chamados quiumbas, com a mesma frequência de sexo na cabeça, lançam-se contra estas pessoas ditas sensuais. Algumas vezes mãos mentais são geradas para apalpá-las; bocas mentais se lançam contra elas.

"Esses fantasmas mentais vão grudando de tal forma na pessoa, que ela acaba sendo impregnada destas formas pensamento. Então, os quiumbas vão vampirizando a pessoa assim trajada, e descarregando nela as suas energias mentais nocivas.

"Por isso, muitas vezes a pessoa se sente mal quando anda trajada de maneira mais sensual, pois vira um depósito de energias mentais negativas.

Amarração

"Já sentiu uma vibração ruim quando alguém olha para você? Pois bem, não é só o olhar, o que faz mal mesmo é a forma pensamento que a pessoa lançou sobre você e os quiumbas que vêm logo atrás.

"Por outro lado, somos também como uma antena mental móvel, que atraímos tudo aquilo que está na mesma sintonia, no mesmo pensamento.

"Pense em coisas boas e espíritos do bem se farão ao seu lado. Pense coisas ruins e espíritos do mal se farão.

"Com a sua vibração, fruto dos seus pensamentos, você atrai também todas as entidades que vibram na mesma frequência.

"É como a televisão. Você muda de canal, ou seja, muda de frequência, e vai assistir àquele canal de televisão, ou seja, o que está naquela frequência.

"Os encarnados passam então a atrair mais aquilo em que estão pensando. Já viu como pequenos desentendimentos, aparentemente sem importância, acabam se transformando em grandes brigas?

"O motivo é que entidades das trevas são atraídas por aquela vibração da briga inicial, e estas lanças, espadas e tiros mentais que são lançados entre os que brigam, acabam sendo absorvidas por estes seres das trevas, que com tais armamentos ficam cada vez melhor equipados para trabalharem nas sombras.

"Por isso, as trevas acabam influindo para que a briga atinja níveis cada vez piores, de forma que os humanos encarnados que brigam, possam lançar cada vez mais

A vestimenta

energias mentais doentias, e com isso possam equipá-los melhor a fim de continuarem com suas delinquências. Um alimenta o outro.

"Por isso o famoso dito popular: 'a coisa está ficando preta'. Preta sim, de tantos seres das trevas ao lado de quem assim age.

"O que aconteceu a você, filha, foi a visualização de suas próprias formas mentais. Quando plasmei o espelho encantado à sua frente, esta espécie de televisão, como se chama na Terra, foi para que pudesse refletir seus sentimentos. Aí você pôde ver como você fica quando tem sentimentos baixos.

"Gostou da imagem?"

— Não, senti muito medo — respondeu Nyla, assustada só de pensar no fato. — Pensei que fosse uma bruxa, tamanho pavor que tive de mim mesma.

— Pois bem! — respondeu a preta velha —, daqui para frente lembre-se do que aconteceu aqui nesta sala, antes de sair emitindo pensamentos doentios, que de uma hora ou de outra sempre retornam a quem os emitiu.

— Vou lembrar sim, Mãe Maria d'Além-Mar, mesmo porque ainda sinto dores pelo corpo dos raios que vieram refletidos pelo espelho, e também sinto vergonha do estado em que as minha roupa está agora, toda rasgada.

Capítulo 13

O reencontro

A preta velha então a olhou e continuou.

— Filha, você ainda tem em seu coração muito ódio pelas pessoas a quem prejudicou e desgraçou as vidas.

"Nesta colônia de Aruanda, onde você está, o ódio volta o tempo todo contra quem o lançou, portanto, tenha cuidado, para não ficar pior do que já está. É bom começar a ter bons pensamentos, ou ficará muito machucada, por si mesma.

"Vamos, levante-se daí do chão, procure pedir perdão pelos seus erros, para que possamos continuar o que preciso lhe mostrar ainda."

Grande parte de suas roupas estavam completamente cortadas, outras partes haviam sido chamuscadas pelo fogo gerado pelos raios de ódio que lançara, e retornaram através do espelho.

O cheiro podre ainda persistia à sua volta, mas ela fez todo o esforço possível para se levantar, até que por muito custo voltou a ficar em pé.

Seu corpo todo doía.

A preta velha levantou então as duas mãos ao Alto, em seguida apontou-as em direção a Nyla.

Um jorro de luz colorida saiu das mãos da preta velha e envolveu Nyla por completo.

O reencontro

Ela viu que suas roupas foram consertadas e que intenso perfume deu lugar ao mal cheiro que a rodeava.

Seu rosto ficou rejuvenescido, sua pele voltou ao normal.

Ainda tomada de muito espanto pelo que havia acontecido, Nyla sorriu de felicidade. Até as fortes dores pelo corpo haviam desaparecido.

A preta velha pediu para que ela olhasse pelo espelho encantado mais uma vez.

Nyla pôde então continuar vendo na tela daquela espécie de televisão seu antigo desafeto, Acácia, a primeira esposa de seu ex-marido.

Ela estava bastante debilitada, em uma cama, e o seu filho, agora já mais velho, cuidava dela com muito carinho.

Viu o menino saindo do quarto, para trabalhar em pequenos serviços de ajudante, a fim de poder trazer o sustento para o lar.

Notou que viviam uma vida bastante difícil, morando de favor em um pequeno quarto.

Uma amiga havia emprestado um quarto nos fundos de sua casa para os dois morarem, eles pagavam o aluguel da forma que podiam.

Era um pequeno quarto, com um beliche, onde os dois moravam.

Em um canto havia um lavatório, e próximo, um fogareiro onde faziam a comida.

Amarração

O banheiro ficava fora do quarto.

Em um canto, cortinas improvisavam um guarda-roupa formado por caixas de papelão.

Apesar de tudo, havia muita limpeza no local.

Ao lado da cama, avistou um espelho.

A preta velha passou a mão na frente daquela espécie de televisão, quando ela pôde ver o espelho mais detalhadamente.

Dele partiam raios assustadores, que atingiam a mulher enferma.

Mais uma vez a preta velha passou a mão sobre a tela, e ela pôde ver no espelho a imagem do feiticeiro que ela pagara para "afastar" a esposa de seu pretendente.

O feiticeiro parecia um louco, gritando palavras que ela não conseguia entender, e a cada palavra fazia um gesto.

A cada gesto que fazia, saíam de suas mãos animais que ela nunca tinha visto na vida, que tinham formas terríveis, e eram lançados sobre a primeira esposa de seu ex-marido.

Aqueles animais ficavam então circundando Acácia, como que devorando suas energias.

— Ela só não desencarnou ainda, pois tem fé de que um dia o seu marido voltará — disse a preta velha. — Mas ao mesmo tempo, sempre que pensa nele, o feitiço se lança sobre ela, e a abate como você está vendo.

O reencontro

Lágrimas copiosas se fizeram então na face daquela que pagara o trabalho do feiticeiro para "afastar" Acácia de Francisco.

O choro veio convulso.

O peito de Nyla doía, enquanto ela tentava enxugar as lágrimas com as mãos.

Enorme peso nos ombros se deu então, e ela caiu de joelhos no chão, pedindo perdão pelo que fizera.

— Eu estava cega de ódio e de paixão, Mãe Maria d'Além-Mar, e não sabia as consequências dos meus atos. Não queria prejudicar Acácia desta maneira, queria apenas afastá-la daquele que achava ser o amor da minha vida, o marido dela...

Capítulo 14

A corrente

A preta velha dirigiu-se então ao espírito do seu ex-marido, que estava à sua esquerda.

Fazendo alguns gestos com as mãos, na frente dele, que estava imóvel, olhando e ouvindo tudo, mas sem qualquer reação, ele como que adquiriu vida novamente.

Nyla teve o impulso de abraçá-lo, contudo, tentou dar um passo e quase caiu no chão.

Ela não entendeu o que estava acontecendo, e notou então que o olhar de Francisco era vago, como se ele olhasse para um lugar distante.

Parecia não haver vida naquele espírito.

A preta velha novamente fez alguns gestos com as mãos, e ela pôde então sentir alguma coisa fria amarrada às suas pernas.

Eram pesadas correntes que amarravam Nyla a Francisco.

Ela tentou chutar as correntes, para ver se conseguia se livrar delas, mas foi impossível, e quase caiu no chão por este gesto, tamanho era o seu peso.

Novamente a preta velha fez alguns gestos com as mãos, e ela pôde ver refletida na corrente sua imagem procurando o feiticeiro para fazer a "amarração", tirando o marido de Acácia, e fazendo-o vir aos seus braços.

A corrente

Viu-se pagando o feiticeiro para fazer o trabalho, e visualizou o homem novamente evocando forças negativas para aniquilar o livre-arbítrio do homem casado, a fim de fazê-lo cair em seus braços.

Pôde ver a si mesma sorrindo de satisfação quando Acácia foi abandonada e trocada por ela.

Viu também a alegria que sentira quando Francisco parecia ter apenas olhos para ela.

Novamente o arrependimento fez-se sentir em todo o seu ser.

Mais uma vez o remorso veio forte.

"Como pudera fazer tudo aquilo?" — pensava Nyla.

Seus olhos foram ficando vagos, como se olhasse para um passado distante, tentando ver algo que pudesse elucidar tanta maldade em seu coração.

A preta velha lendo os seus pensamentos, fez mais um gesto com as mãos, e o espelho encantado postou-se diante dela, ficando também bem no meio entre ela e o seu ex-marido, de forma que ambos pudessem ver as imagens do espelho.

Viu então o passado.

O passado

Ela se viu então usando uma roupa bem antiga, em uma cidadezinha do interior, andando por um mercado de rua.

Amarração

As ruas eram de terra, e carregando um cesto, ela fazia compras de alimentos no local.

Ao seu lado, havia um homem mais idoso, que a auxiliava a colocar os alimentos na carroça, e após as compras feitas, o homem conduziu a carroça para um enorme castelo.

A construção era de origem medieval, sendo habitada por um casal, e ela trabalhava neste pequeno castelo.

Ela se viu arrumando as salas do castelo, sendo ajudada por mais duas funcionárias da limpeza.

Após algum tempo, foi para a cozinha, quando se viu preparando a comida para a família real.

A mesa foi posta com esmero, e o senhor idoso que a acompanhara no mercado, agora com trajes de mordomo, anunciou a chegada da família real.

Seguindo a tradição, o mordomo, que gostava muito dos seus patrões e os servia desde há muito no castelo, abriu então as portas da sala de refeições.

Foi então que ela pôde olhar a realeza se aproximar para a refeição.

Aí o coração de Nyla disparou.

Olhando bem para o mordomo, pôde ver nele a imagem de Ricardo, o filho da sua desafeta.

O barão nada mais era senão Francisco, e a baronesa, Acácia.

Um grito de espanto escapou de sua garganta, e instintivamente colocou suas mãos na própria boca, tentando se controlar.

A corrente

Viu pelo espelho o desejo de pertencer ao barão, e os olhos reprovadores da baronesa, como que percebendo a sua intenção.

Fazia de tudo para agradar o barão, procurando preparar-lhe os melhores pratos, deixar sempre as suas roupas impecáveis, e toda a sorte de coisas que pudesse fazer para que ele a notasse.

Apesar disso tudo, ele só tinha olhos para a baronesa.

Viu o tempo se passando, viu-se ficando mais velha, até que um dia, fazendo as compras no mercado, notou a presença de um homem que chamou muito a sua atenção.

Devia ser um novo comerciante ali naquela região, e dirigiu-se a ele para saber o que vendia.

Estava ele à frente de uma pequena tenda.

Assim como a tenda, ele se vestia todo de preto, e usava um manto com um capuz que tampava quase toda sua face.

Ela dirigiu-se a ele, em tom cordial, querendo saber o que vendia.

— Vendo felicidade, minha bela senhora, quer um pouco? — falou o homem.

— Claro que sim, meu bom senhor, e quanto custa para obtê-la? — perguntou ela.

— A metade do que você conseguir ganhar — respondeu ele.

Aquelas palavras vieram carregadas de malícia, e ela percebeu algo estranho no ar.

Amarração

Como era muito curiosa, voltou a perguntar.

— Como assim?

— Entre aqui na tenda que eu lhe explico tudo.

Ela ficou em dúvida.

Quem era aquele homem?

Que estranho fascínio tinha exercido sobre ela?

E se tudo fosse um golpe, como saber?

Aquelas dúvidas ficaram se passando pela sua cabeça, quando ouviu a voz do mordomo pedindo para que ela se apressasse, pois estava na hora de voltarem para o castelo.

Com aquela interferência, ela saiu daquele fascínio lançado pelo homem da tenda preta, e dizendo que quando tivesse mais tempo voltaria, foi embora para o castelo.

Passou vários dias com aquela imagem do homem de preto no mercado.

Durante algum tempo ele aparecia em seus sonhos, pedindo para que ela entrasse em sua tenda preta, pois poderia trazer muita felicidade a ela.

Ela tentava de tudo para deixar de pensar naquele homem do mercado, porém, quanto mais procurava afastá-lo de sua mente, mais ele aparecia em seus sonhos.

Foi então que decidiu procurá-lo.

Capítulo 15

A bola de cristal

Naquela manhã, aproveitando que o mercado estava cheio, pediu ao mordomo que fizesse sozinho parte das compras, a fim de se apressarem, ou não conseguiriam voltar a tempo para o castelo.

Aproveitando o ardil, foi correndo em direção à tenda preta.

Lá chegando, o homem da capa preta a aguardava.

— Eu sabia que voltaria, entre logo — falou ele com uma voz pesada.

E ela entrou sem hesitar.

Por dentro, a pequena tenda estava cheia de símbolos encantados, e ao centro havia duas cadeiras com uma pequena mesa entre elas.

— Entre e sente-se.

Ele sentou-se diante dela, e então retirou o capuz preto, que recobria quase toda a sua face.

Ela olhando bem pelo espelho pôde então reconhecer naquele homem o feiticeiro que fizera a amarração de Francisco, em troca de muito dinheiro.

O homem descobriu uma bola de cristal e começou a olhar fixamente para a mesma.

— Então você quer o barão para você, não é?

Amarração

Ela se viu pelo espelho acenando que sim com a cabeça.

— Vejo também que você não gosta dele tanto quanto imagina, está é cansada da vida que leva, naquela cozinha, dia e noite. Vejo que você gosta mesmo é do poder e da riqueza do barão — disse o bruxo.

Ela ficou pensativa, pois nunca havia pensado naquilo antes.

Seria aquilo verdade, estaria confundindo amor com posição social e uma vida com mais conforto?

— Vejo um jovem, que me parece ser um guarda do castelo, que a ama de verdade, porém, você faz de tudo para esquecê-lo, mas nem sempre consegue — falou o bruxo.

Ela arregalou os olhos e inclinou-se para frente, tentando ver também no bola de cristal o que mais iria ser dito.

— O jovem bem que despertou o seu amor por ele, mas você imagina que ele não conseguiria lhe dar a posição social que o barão proporcionaria, não é verdade? — continuou o bruxo.

"Gananciosa, hein? É assim que gosto, de gente que não mede os caminhos a percorrer para obter o que deseja" — disse o homem.

Aquelas palavras assustaram-na.

— Vou conseguir o barão para você, porém, quero o meu pagamento.

— E o que quer? — perguntou ela.

A bola de cristal

— Quero ouro e joias, e o barão é todo seu.

— Mas não tenho isso — respondeu ela.

— Terá quando o barão for só seu.

Tomada de muito susto, ela saiu da tenda correndo, sem dizer qualquer palavra.

Aquelas palavras ficaram em sua mente, por toda a semana, até que ela precisou voltar ao mercado novamente para comprar alimentos para o castelo.

Durante as compras, aproveitou-se de que o mordomo ficara negociando a compra de ração para os cavalos, e dirigiu-se novamente à tenda preta.

Capítulo 16

A poção mágica

Vendo-a se aproximar de sua tenda preta, o homem sorriu.

— Eu sabia que voltaria, entre logo — falou ele com uma voz pesada.

E ela entrou sem hesitar.

— Está fechado o acordo, mas o ouro e as joias que receberá serão apenas o que conseguir levar em cada uma das suas próprias mãos, nada mais, nada menos; afinal também não quero ser uma baronesa pobre — respondeu ela.

— Acordo fechado — respondeu o homem da tenda preta.

Dirigindo-se a umas caixas que estavam espalhadas pela tenda, retirou de lá dois potes de barro, um de cor clara, e outro de cor escura.

— O conteúdo do pote claro — disse ele — é para você jogar aos poucos na comida do barão, e o do pote escuro é para jogar na comida da baronesa. Daqui a uma semana, volte aqui para mais instruções.

— Mas eles irão sentir o sabor, serei descoberta e punida.

— Sei muito bem o que faço, essas poções não deixam cheiro ou sabor. Vá e lembre-se de voltar na próxima

A poção mágica

semana — disse o homem com uma voz cada vez mais tenebrosa.

Ela saiu da tenda, e podia-se ver claramente como estava confusa.

O mordomo reencontrando-a no mercado, começou a fazer perguntas, e ela foi disfarçando o quanto pôde.

— Sabe aquela tenda preta que apareceu lá no mercado? — perguntou o mordomo.

— Soube hoje pelo pessoal do mercado que é de um bruxo, que tem vindo uma vez por semana, bem nos dias que aqui costumamos vir também.

"Eles irão impedi-lo de entrar no mercado, daqui por diante, pois ninguém gosta dele, e alguns comerciantes à sua volta reclamaram que, por medo do bruxo, os clientes se afastaram, e eles ficaram sem vender."

Disfarçando o quanto pôde, um sorriso saiu de seus lábios, afinal, sem o bruxo lá, nem o ouro e as joias ela precisaria dar.

O feitiço virou

Ela tentou por várias vezes colocar as poções mágicas na comida do barão e da baronesa, porém, alguma coisa sempre a impedia.

Todas as vezes em que ela pegava nos potes, algo acontecia na cozinha, e ela era obrigada a escondê-los novamente.

A baronesa era uma pessoa muito boa.

Amarração

Ela procurava ajudar os mais necessitados, e para isso promovia doações periodicamente aos desassistidos.

Fazia sempre questão de entregar tudo pessoalmente, quando então fazia orações junto aos que recebiam os donativos.

Certo dia, o mordomo pediu a ela para ajudar a organizar as coisas na charrete com as mercadorias que a baronesa iria doar.

Ela saiu então da cozinha, e quando chegou próxima à charrete, reconheceu um dos homens que movimentavam a carga.

Era o bruxo disfarçado.

Aproveitando-se de que o mordomo havia saído, e ficando sem ninguém à sua volta, ela aproximou-se do bruxo e perguntou o que ele fazia ali.

— Não interessa o que faço aqui, quero saber como estão os nossos planos — respondeu ele muito irritado. — Você não me procurou mais no mercado, como mandei.

— É que soube que você seria impedido de montar a sua tenda novamente.

— Impediram-me, mas me disfarcei, montei uma outra tenda, e fiquei aguardando você, que nem tentou me procurar!

— Fale baixo — disse ela —, quer que todo mundo do castelo saiba?

— Isso não me interessa — falou o bruxo, agora mais baixo —, como estão as coisas?

A poção mágica

— Não sei o que está ocorrendo, toda a vez que estou para colocar a poção na comida deles, acontece algo na cozinha, e tenho que esconder os potes novamente.

— Dê um jeito! — respondeu ele elevando o tom de voz —, o tempo está passando e a poção vai ficando cada vez mais sem poder — disse o bruxo.

— Você quer ou não quer o barão só para você? — continuou ele.

— Quero sim — disse ela —, mas fale baixo, você está quase gritando, poderão ouvi-lo.

— Então ponha logo a poção na comida deles! — respondeu o bruxo, que agora colérico não disfarçava o tom de voz.

— Mas como, se não consigo? — perguntou ela.

— O como é problema seu! — disse ele.

— Como assim?

Os dois gelaram

Era a voz da baronesa.

Ela veio até a charrete para ver como estava o carregamento das doações, e acabou ouvindo toda a conversa.

A cozinheira ficou vermelha de alto a baixo, e por pouco não desmaiou ali mesmo. Quanto ao bruxo, tentou disfarçar dizendo que estava se preparando para uma peça teatral, e que estava ensaiando com a cozinheira a apresentação.

Amarração

— Apresentação coisa nenhuma! — respondeu a baronesa muito brava.

— Então era isso o que planejavam, matar-me e enfeitiçar meu marido, para se apossarem do castelo e de tudo o que há aqui dentro? — perguntou a baronesa.

— Não é à toa que eu me sentia mal todas as vezes que ia à cozinha e também quando me aproximava de você — continuou a baronesa, olhando a cozinheira.

Ante aquele discussão, todos do castelo vieram ver do que se tratava, inclusive o barão, que soube então pela baronesa o que os outros dois haviam tramado.

O bruxo bem que tentou fugir, mas foi detido pelos guardas do castelo, e junto com a cozinheira foi preso, porém, em celas separadas.

Fazendo buscas pela cozinha, descobriram os dois potes de barro, e neles as poções.

Pelo espelho ela se viu como a cozinheira, esquecida em uma prisão medieval, envelhecendo precipitadamente, e em seu coração, o profundo ódio pela baronesa.

Desencarnou dizendo que voltaria para se vingar da baronesa, e para ficar com o barão só para si.

Capítulo 17

A culpa

O espelho encantado parou de mostrar as cenas do passado, e a preta velha então a olhou bem nos olhos.

Ela não sabia o que fazer.

Sua cabeça agora parecia girar como nunca, e desviou o seu olhar do da preta velha.

Como pudera ser tão gananciosa e vingativa assim?

Então ela viera nesta vida para executar a vingança que prometera no passado?

Sentimentos conflitantes se passavam em sua mente agora.

Ao mesmo tempo em que tinha vontade de fugir daquele lugar, precisava fica ali por algum motivo.

Tinha agora profunda vergonha pelo que havia feito, e em seu íntimo pedia para poder corrigir tudo o que fizera.

Mal passara pela sua mente o pensamento de reparação, seus olhos como que voltaram a olhar nos da preta velha.

Agora sentia todo o amor que partia da preta velha, que sorriu para ela, como ninguém havia sorrido antes.

Sentiu então uma vontade enorme de abrir os seus braços, de correr e de abraçar aquela preta velha, de se

Amarração

jogar aos seus pés, implorando ajuda, para que o Alto a perdoasse de tanto desatino.

Mas ao tentar dar o primeiro passo, as correntes, presas aos seus pés a prenderam e ela foi parar no chão.

De seus olhos brotaram lágrimas, e ainda no chão ela olhou para seu ex-marido, o barão do passado.

Ele assistia a tudo imóvel.

Só seus olhos se mexiam.

Não havia expressão em sua face, parecia um morto--vivo, a não ser pelo seu olhar.

— Como posso tirar estas correntes que me aprisionam a ele? — perguntou ela, dirigindo-se a Mãe Maria d'Além-Mar.

— Não quero mais fazê-lo sofrer, nem a sua esposa e filho — disse ela agora olhando para baixo.

— Como pude ser tão gananciosa, egoísta, mesquinha e vingativa? Tenho vergonha de mim mesma, preta velha.

"Ajuda-me a corrigir tudo o que fiz, pois meu coração sangra, de arrependimento e vergonha.

"Agora vejo que agi pensando só em mim, sem medir as consequências. E neste momento tudo o que fiz de errado volta-se contra mim, preta velha.

"Olhe só para estas correntes, olhe para Acácia e Ricardo, o filho dela...

"Sinto nojo de mim mesma, e de tudo o que fiz. Tenho vontade de sumir.

A culpa

"Em meu íntimo tenho vontade de corrigir o que fiz, porém, não tenho forças para isso, nem saberia por onde começar.

"Preciso de você, preta velha. Ajude-me, por favor!"

Um grande silêncio se fez na sala.

Nyla ainda no chão, com os cabelos caídos encobrindo-lhe a face, chorava convulsivamente.

Foram minutos que pareceram durar horas.

Quando de súbito sentiu a presença da preta velha junto a ela.

Sentiu a mão amorosa da preta velha afagando sua cabeça, e o choro foi passando.

A preta velha então segurou as suas mãos e levantou-a do chão.

Ela, ainda envergonhada, mantinha a cabeça baixa, de forma que os seus olhos eram tampados pelos seus cabelos.

Tinha vergonha de olhar a bondosa entidade nos olhos.

Sentiu então o abraço carinhoso dela.

Era como se um amor muito acima do que conhecera se fizesse naquele momento.

— Filha — disse a preta velha, levantando o seu queixo e afastando os cabelos que encobriam o seu rosto —, há sempre um lugar em Aruanda para todo aquele que se arrepende do seu passado e se propõe a consertá-lo.

Amarração

E a preta velha olhando-a com ternura, continuou.

— Precisamos começar logo a reparação.

Dito isso, a preta velha pediu para os dois acorrentados ficarem ali por alguns minutos, e, batendo uma mão contra a outra, desapareceu do salão.

Nyla olhou então para seu ex-marido, que permanecia do outro lado da corrente, imóvel, exceto pelos olhos, que embora parecessem olhar para longe, se moviam de vez em quando.

— Francisco, não sei se pode meu ouvir — disse ela —, mas se conseguir, saiba que peço desculpas por tudo o que fiz. Jamais deveria ter cedido à minha louca paixão de fazer você vir aos meus braços a qualquer preço. Nunca deveria ter pago ao feiticeiro para fazer a "amarração" que fiz. Vejo agora que me movi por vingança e avareza, e não por amor e carinho.

"Tudo o que sinto é vontade de que estas correntes possam se quebrar e nos separar em definitivo.

"Sei que não poderá voltar aos braços de Acácia, na Terra, mas ao menos gostaria de libertá-lo de mim, a fim de que cada um possa seguir seu caminho."

Ele não respondia, continuava imóvel do outro lado da corrente.

E Nyla continuou.

— Apaixonada, e sem medir qualquer consequência dos meus atos, paguei para fazer o trabalho de "amarração",

A culpa

a fim de que pudesse tê-lo ao meu lado, mas tudo o que consegui foi trazer desgraça para todos.

Tomando um fôlego, continuou.

— Necessito de ajuda para poder reparar tudo o que fiz — disse olhando agora apara as correntes que os mantinham aprisionados um ao outro.

Assim que falou isso, a sala onde estavam ficou ainda mais iluminada, e a preta velha apareceu, e ao seu lado outros espíritos, que emitiam muita luz.

Capítulo 18

Perdendo as forças

— Filha — disse a preta velha —, preciso agora de toda a sua determinação e coragem para reparar tudo o que fez.

Mesmo sem que Nyla dissesse qualquer coisa, a preta velha abriu os braços, e novamente o espelho encantado começou a mostrar novas imagens.

Viu então o feiticeiro a quem havia pago o trabalho de amarração.

Ele estava envelhecido, pesadas olheiras contornavam os seus olhos, sua face era carregada, e seu rosto estava todo enrugado.

À sua frente, uma jovem falava com ele bastante exaltada.

— Eu paguei bem a você e até agora nada! Não quero mais esperar! Você não falou que fazia "amarração" e que tinha vários casos em que a pessoa amada vinha para os braços da amante em menos de um mês?

— Já esperei quase quatro meses e ele nem olha para mim! Trata-me como se eu não existisse, igualzinho a antes dos seus trabalhos de feitiçaria. E toda vez que venho aqui exigir os resultados, você desconversa, diz que precisa de mais dinheiro para fortalecer o trabalho e fazê-lo vir para os meus braços.

Perdendo as forças

"Só o que você sabe fazer é me pedir mais e mais dinheiro! Estou cansada de você! Você é um feiticeiro de mentira, que não consegue encantar nem um rato! Quero o meu dinheiro de volta ou vou dar queixa na polícia!"

— Basta! — gritou o feiticeiro irritado, dando um murro na mesa. — Não quero mais ouvir nem ver você. Não tenho culpa de você não querer pagar um pouco mais para terminar de fazer a amarração.

— Mas já lhe paguei bem mais do que o combinado inicialmente, e todo o mês que venho aqui você me pede mais e mais dinheiro, e até agora nada!

— Suma daqui! — disse o feiticeiro berrando e apontando a porta da saída.

— Sumo sim, seu feiticeiro de meia-tigela, e quando voltar, virei com a polícia — disse a jovem.

— E vai dizer o que à polícia? que pagou para fazer uma "amarração" e que não deu resultado? — gargalhou em tom de sarcasmo o feiticeiro.

— Você não presta, nem como ser humano, nem como feiticeiro, seu aprendiz de bruxo! — falou a jovem, que saiu rapidamente.

À saída da jovem, pôde-se ver pelo espelho encantado o feiticeiro extremamente irritado.

Podia-se ver também pelo espelho o que se passava em sua mente:

Como teriam os seus poderes sumido assim?

Por que ele não era mais o mesmo?

Amarração

"É aquele terreiro de Umbanda, certamente", pensou ele.

"Desde que tentei fazer um trabalho para prejudicar um filho de santo de lá, sinto que estão retirando os meus poderes. A cada dia sinto as minhas forças diminuírem."

"Não sou mais o que era, e estou sendo motivo de piadas de todos" — pensava.

"Tenho que acabar com aquele terreiro, antes que acabem comigo" — pensou.

"Vou preparar um plano, para fazer aquele terreiro fechar."

O espelho encantado registrava tudo, mostrou o feiticeiro recorrendo a alguns livros de feitiçaria para fazer um trabalho que terminasse de uma vez com o terreiro.

Através de sua bola de cristal, procurou ver um dos médiuns do terreiro que poderia manipular.

— Pronto — falou ele —, achei! este médium aqui tem excesso de vaidade, é deste que preciso.

Capítulo 19

Invigilância

O médium era novo no terreiro de Umbanda, mas mesmo assim se achava o máximo.

Por dentro tinha o desejo de ser mais do que todos por lá, quem sabe um dia seria o dirigente do terreiro.

Achava que seus guias espirituais eram sempre os melhores, e que um dia os sacerdotes do terreiro iriam reconhecer sua superioridade espiritual ante todos os outros.

Andava sempre reparando nos outros médiuns, e, quando podia, fazia uma intriga, jogando um filho de santo contra o outro.

Fixando o médium vaidoso pela bola de cristal, o feiticeiro começou a dizer palavras desconhecidas e a fazer gestos.

Neste momento, seres das trevas surgiram e foram encaminhados ao médium vaidoso, que ao final da gira estava mais preocupado com o que iria fazer ao sair do terreiro do que com o final dos trabalhos.

Foi o suficiente para que, após algum tempo, o médium começasse a ter convulsões e a cair lá no chão do terreiro.

A mãe de santo da casa foi então acudir o filho de santo, quando o feiticeiro aproveitou para falar novas palavras, fez novos gestos, e manteve a concentração no médium caído.

Amarração

Assim que a sacerdote se aproximou, o médium começou a rolar pelo chão, xingando a sacerdote de todos os palavrões possíveis.

A mesma evocou então o seu guardião Exu, que incorporou na mãe de santo, e após algum tempo, retirou o médium daquele ataque espiritual.

Assim que o feiticeiro viu que o Exu da mãe de santo estava em terra, imediatamente parou a concentração e cortou o contato, para não ser descoberto.

O senhor Exu, junto com sua falange, pegou os seres das trevas que atacavam o médium invigilante, arrastou-os de volta aos Umbrais, onde foram interrogados e depois presos.

Nas giras seguintes, a sacerdote pediu para que os filhos de santo mantivessem a concentração nos trabalhos.

Falou também sobre a necessidade de se manter o pensamento de ajuda ao próximo, e o amor que deve unir todos os filhos de santo do terreiro.

Ela então pediu o reforço dos guardiões de esquerda, os senhores Exus, senhoras Pombagiras, senhores Exus mirins e senhoras Pombagiras mirins, a fim de manterem todas as defesas e não permitirem novos ataques como aquele ao terreiro.

O médium, vítima do ataque do feiticeiro a distância, começou a ser comentado pelos seus irmãos de santo, e a cada ligação para saber se estava melhor, mais a sua vaidade e o orgulho aumentavam.

Invigilância

As palavras de sua mãe de santo não tiveram qualquer influência em seu comportamento.

"Amor e ajuda ao próximo?", pensou o médium, "eles é que têm que ter amor por mim, que estou sendo vítima dos ataques."

"Estão todos preocupados comigo", pensava, "um dia descobrirão todo o meu potencial, um dia verão que sou o melhor médium daquele terreiro."

Quanto mais vaidoso ficava, mais facilmente o feiticeiro aproveitava-se da sua invigilância para derrubá-lo, criando sempre desordem ao final dos trabalhos, e lá se ia a mãe de santo para acabar com os ataques do feiticeiro.

A cena se repetiu por algumas semanas, e mal os guardiões de esquerda — os senhores Exus, senhoras Pombagiras, senhores Exus mirins e senhoras Pombagiras mirins — baixavam no terreiro para acabar com aqueles ataques, os quiumbas — espíritos das trevas —, que agiam por ordem do feiticeiro, eram presos, interrogados, e o feiticeiro desligava imediatamente a sintonia para não ser descoberto.

Os filhos de santo começaram a se perguntar o que estava acontecendo com o terreiro, e por que a sacerdote não conseguia impedir aqueles ataques, antes que acontecessem.

— Será que a mãe de santo não é mais a mesma? — perguntavam-se uns.

— Será que o terreiro virou possessão de quiumbas? — questionavam-se outros.

Amarração

— Por que os ataques não param? Será que os guardiões de esquerda não estão dando mais conta das defesas da casa? — indagavam outros.

— Não seria melhor fechar o terreiro por algum tempo? — comentavam outros.

Alguns filhos começaram a faltar, outros pediram afastamento, quando, certo dia, o mentor da casa incorporou na mãe de santo e se pronunciou.

— Filhos queridos, as defesas deste terreiro nunca estiveram tão fortes. O que tem havido é que determinados médiuns têm aberto as portas do terreiro para que quiumbas possam adentrar a nossa casa.

"A chave, meus filhos, tem sido a invigilância, a vaidade e o orgulho.

"Quiumbas, meus filhos, são seres desencarnados que pensam obstinadamente no mal, fazendo trabalhos cruéis contra os encarnados.

"Alguns trabalham visando o pagamento, outros movidos pelo ódio, e na maioria das vezes com a intenção de prejudicar os seus semelhantes.

"Muitos dos que tentaram desestabilizar esta casa de oração foram aprisionados, e agora chegou a vez da prisão do causador disto tudo.

"Doravante, médiuns indisciplinados, vaidosos ou orgulhosos, serão convidados a se afastarem desta casa.

"Médiuns estes que não procuram se melhorar, não praticam a reforma interior para se tornarem pessoas mais

Invigilância

espiritualizadas, mais fraternas e harmoniosas, médiuns que sequer tentam, e persistem nos mesmos erros.

"Não podemos mais tolerar que brechas motivadas pela invigilância de poucos, prejudiquem a todos, criando entradas para que todo tipo de quiumbas tente desestruturar esta casa de oração."

Disse aquilo e desincorporou da mãe de santo.

A prisão

Na gira seguinte, quando o feiticeiro se prepara para fazer seus feitiços, a fim de desestabilizar o terreiro de Umbanda, sentiu algo estranho no ar.

Uma nuvem, parecida com um cavalo branco, adentrou em grande velocidade a casa do feiticeiro.

Tomado de grande susto, o feiticeiro teve pouco tempo para ver um ser de forte luz, Pai Ogum, o Orixá da Lei, que, à frente de forte exército espiritual, veio pessoalmente retirá-lo para o julgamento.

No plano físico, o feiticeiro desencarnara.

No atestado de óbito constou: infarto do miocárdio.

No plano espiritual, agora estava sendo julgado pela lei divina.

Capítulo 20

O julgamento

O julgamento do feiticeiro foi rápido.

Passou-se o filme mental de toda sua vida.

Desatinos de toda ordem ele fizera.

Usara da magia para realizar trabalhos espirituais em troca de dinheiro.

O filme mental mostrou-o alimentando seres das trevas, a fim de poder exigir-lhes a participação em trabalhos de toda espécie de coisas sujas.

Mostrou-o também aprendendo magia, estudando, se aprimorando, e depois levado pelo orgulho e pela vaidade, pensando ser superior a todos, usando a magia com propósitos menos dignos.

Tornara-se então um mago caído, um mago negro.

A um gesto de Pai Xangô, Orixá da Justiça, ele passou a ver as vítimas que tinha prejudicado, e aquela cena causou ao feiticeiro profundo frio na espinha.

Pai Xangô fez outro gesto, e o feiticeiro viu os seres das trevas que haviam sido os seus escravos.

A cena era forte.

Todos clamavam a sua presença nos umbrais.

Tinham confiado nele, seguido seus planos para fazer os ataques às várias vítimas, e acabaram presos, usados

O julgamento

e abusados pelo feiticeiro, que nunca tentou ajudá-los a sair de lá.

Cobravam a presença dele, a fim de fazer justiça com as próprias mãos.

E assim foi.

Sem o menor arrependimento, o feiticeiro olhou para o filme mental de sua vida, e se calou.

Seu coração era duro como o gelo, e como gelo se partiu.

A um gesto de mãos de Pai Xangô, foi dirigido ao portal de Pai Obaluaiê, e de lá seguiu para os umbrais.

Os quiumbas que lá estavam aprisionados, ao vê-lo, foram ao seu encontro para atacá-lo.

Mesmo assim, não se via em seu coração qualquer sinal de arrependimento pelo que fizera, nos umbrais ficará até que possa se arrepender do que fez, e se disponha a reparar seus erros.

Correntes rompidas

Neste momento, as correntes que prendiam Nyla ao seu ex-marido começaram a se desfazer, como se fossem feitas de gás.

Um cheiro forte de enxofre se fez no ar à altura que as correntes se evaporavam.

Amarração

Logo em seguida, a preta velha estalou seus dedos, e o cheiro forte de enxofre deu lugar a um agradável perfume de flores do campo.

Nyla vendo aquilo, chorava e ria ao mesmo tempo.

Não podia sentir maior alegria do que ver Francisco liberto das correntes da amarração.

O espírito dele começou a voltar a ter vigor novamente, e agora não eram apenas os seus olhos que se mexiam, mas todo o seu corpo também.

Olhando para ela, ele fechou os seus olhos, tomado de profunda tristeza.

Nyla sabia em seu íntimo como ele deveria estar se sentindo com tudo aquilo.

Foi quando ela correu em direção a Francisco, pôs-se de joelhos à sua frente, e com as mãos juntas, em gesto de súplica, pediu o seu perdão.

Neste momento, ele ajoelhou-se também, e, segurando as mãos dela, disse.

— Ainda há dentro de mim profunda dor, por tudo o que aconteceu, Nyla.

"Sinto a minha cabeça rodar, tamanha a carga de emoções que invade o meu peito neste momento.

"Sei que desencarnei, morri no plano físico, mas como pode ver, ainda vivo em espírito.

"Como espírito, como seu ex-marido na matéria, eu rogo que ajude Acácia e o meu filho Ricardo, além da nossa filha, pois só assim eu poderei ter paz."

O julgamento

Nyla olhou-o por alguns segundos, em seguida, no meio de todos aqueles seres de luz, abraçou-o com um amor que nunca havia sentido antes.

Descobrira nele um ser de enorme compaixão, como jamais conhecera outro.

Ele era realmente um nobre na matéria e no espírito.

A emoção era enorme no salão, e flores começaram a descer do teto, ao mesmo tempo em que o salão ficou ainda mais iluminado, como se o Sol tivesse ali entrado.

Eram os sagrados Pais e Mães Orixás, que sentindo o que estava acontecendo, para o salão se dirigiram, a fim de irradiar com as suas luzes uma filha que estava perdida e se encontrara.

Quando a intensa luminosidade se desfez, o casal pôde ver a preta velha, de joelhos, agradecendo aquele momento sublime.

Aqueles instantes pareceram séculos, até que o casal se levantou do chão, e com profunda emoção olhou para Mãe Maria d'Além-Mar.

— Meu filho, você demonstrou enorme nobreza de espírito, por isso permanecerá em uma das colônias de Aruanda, a fim de ser tratado.

Falando isso, ela elevou o seu braço direito ao alto, e, estalando os dedos, viu-se aparecer à frente deles dois enfermeiros ao lado de uma maca.

Capítulo 21

A ajuda espiritual

A maca flutuava no ar, qual um tapete voador, e ao sinal de um dos enfermeiros espirituais, ela foi baixando até que ficou à pouca distância do chão.

Neste instante, os enfermeiros espirituais aplicaram um passe magnético em Francisco e ele começou a levitar.

Os enfermeiros então o deixaram em posição horizontal, e a um comando a maca ficou bem baixa, até que Francisco ficou todo apoiado na maca.

Neste instante, a parte superior da maca cobriu-se com uma espécie de plástico transparente, fechando-o completamente.

Nyla, espantada com tudo o que estava acontecendo, olhou para a preta velha, como que pedindo uma explicação.

Como Mãe Maria d'Além-Mar sabia o que ia em seus pensamentos, procurou explicar.

— Seu ex-marido agora irá fazer uma viagem para perto daqui, e neste trajeto precisará desta maca especial, a qual chamamos de socorro aéreo. Aí dentro, ele já está sendo medicado e tratado espiritualmente.

"Dentro do socorro aéreo são feitos exames a distância, e os medicamentos são ministrados pelo ar que ele respira, daí a necessidade da tampa de proteção transparente. Ele

A ajuda espiritual

não vai precisar engolir qualquer remédio, tampouco ser picado por agulhas de injeção para receber o medicamento.

"Tudo o que ele precisa para recuperar o seu espírito virá pelo ar que ele respira agora."

Francisco, que ouvia tudo, olhou para ela como nunca havia olhado antes, e um sorriso de gratidão e confiança se formou em seus lábios.

— Precisamos partir — disse um dos enfermeiros.

Nyla pediu um instante e abraçou a proteção transparente, tentando dar o seu último abraço nele.

Os enfermeiros então começaram a levitar, juntamente com o socorro aéreo, quando estavam chegando próximo ao teto, desapareceram.

O retorno ao terreiro

Neste instante, a preta velha passou a mão na frente de seu rosto e Nyla foi sentindo uma enorme sonolência.

Era um torpor gostoso, relaxante, como ela nunca sentira.

Viu em sonho um lindo jardim, com belo lago ao centro, flores coloridas enfeitavam toda aquela região.

A temperatura era agradável, a atmosfera trazia uma brisa suave, que envolvia todo o seu corpo, junto com suave perfume.

"Sinto-me no paraíso" — pensou ela.

Amarração

Seus olhos foram então desviados para além do lago, quando pôde avistar um enorme espelho.

Refletida nele, pôde avistar a imagem da primeira esposa do seu ex-marido, acompanhada de seu filho.

Estavam ambos vestidos de roupas bem humildes, o que contrastava com toda a beleza daquele lugar, e em volta de Acácia viam-se manchas negras, que a atacavam todas as vezes que pensava em Francisco.

O filho trabalhava na rua para trazer o pão de cada dia. Os olhos de Ricardo não conseguiam disfarçar tanta tristeza pelo estado de saúde de sua mãe.

Nyla levou como que um choque e despertou.

Olhou à sua volta e reconheceu onde estava.

Estava novamente no centro de Umbanda, bem à frente da preta velha, que, incorporada na amiga de escola, fazia a consulta a ela.

E tudo se passara entre o momento em que a preta velha impôs a mão à sua frente e Nyla caíra em sono profundo, para em segundos voltar a si e retornar ao terreiro.

Teria sido tudo aquilo um sonho, ou fantasia da sua mente, pesada de tanto sentimento de culpa?

— Filha, se lembra de tudo o que aconteceu? — perguntou a preta velha. — Lembra que prometeu reparar todo o mal que fez?

Só assim Nyla caiu em si e viu que fora tudo realidade.

A ajuda espiritual

A cambone da preta velha foi pegar um copo com água para ela, que o bebeu com muita sede.

— O que faço agora? — perguntou Nyla à preta velha.

— Por mais longo que seja o caminho, tudo começa por um primeiro passo. Você pode acender velas em sua casa? — perguntou a preta velha.

— Estou em casa de uma amiga, aqui em São Paulo, mas acendo sim, quando chegar em Tocantins, onde moro.

— Moro não, morava — respondeu a preta velha.

Preta velha fez uma pausa e continuou.

— Você deve voltar para cá, deve mudar para São Paulo, pois tem muita coisa a reparar por aqui. Volta para a sua casa atual, vende tudo e volta para cá.

"Enquanto isso, em sua casa, acenda em local seguro estas velas que a cambone anotou no papel, e reze muito, filha. Lembre-se do 'orai e vigiai', que Jesus ensinou."

Ela ainda zonza com tanta informação e emoção levantou-se do banquinho que ficava bem em frente à preta velha incorporada, e retirou-se do terreiro.

No caminho de volta à casa da amiga, pensamentos de todo tipo passavam em sua mente.

Como pôde aquilo tudo acontecer em tão pouco tempo?

Não ficara mais do que alguns poucos minutos em consulta, no tempo da Terra, mas tinha a sensação de terem se passado anos em sua vida.

Amarração

Pensava agora em sua filha, deixada na casa da vizinha, enquanto viajara para São Paulo.

Quanta alegria teria em revê-la!

Como amava a filha!

Tinha tanta coisa para contar a ela, e sentia que daqui para frente conseguiria dar um futuro melhor para a menina.

Uma vida renovada.

Era uma menina saudável, apesar de um tanto triste, talvez por tudo o que presenciara entre ela e Francisco, pensava ela, enquanto o ônibus a conduzia pelas ruas, em direção à casa da amiga.

Subitamente surgiu em sua mente a imagem da primeira esposa de seu marido e do seu filho.

Viu o sofrimento e a privação que passavam.

Comparou a preocupação que tinha pela sua filha, com a vida do filho da outra, que era o arrimo da família.

Os dois precisavam de ajuda sim.

A preta velha tinha razão novamente.

Não seria com simples orações que ela poderia ajudar os dois.

Precisava fazer algo, e logo!

Levantando-se do ônibus para descer no ponto próximo onde sua amiga morava, ela ali mesmo tomou uma decisão.

A ajuda espiritual

Iria vender tudo em Tocantins e retornaria para São Paulo.

Confiava que o Alto a ajudaria a reparar todos os desatinos que havia feito, pois ela agora era uma nova pessoa, renovada no amor ao próximo.

Capítulo 22

O retorno a Tocantins

No dia seguinte já estava no ônibus com destino a Palmas, capital do Tocantins.

Levou um dia de viagem para percorrer os 1.776km que separam São Paulo de Palmas, a capital mais nova do Brasil.

Durante o percurso foi rememorando tudo o que havia acontecido com ela.

À noite sonhou com os lugares onde estivera.

Viu Francisco sendo tratado agora em uma espécie de hospital espiritual.

Ele continuava no socorro aéreo, porém, no que estava agora era bem maior do que o que foi retirá-lo no salão.

A sua recuperação era surpreendente.

Viu também quando dois médicos espirituais se aproximaram do socorro aéreo, que se mantinha no ar, sem que qualquer coisa o apoiasse no solo.

— Veja, este é aquele caso que comentei com você — disse um dos médicos ao outro.

Seu corpo era brilhante e à volta da sua cabeça enorme coroa de luz se fazia, como se fosse um cocar de caboclo, guia de lei de Umbanda.

O retorno a Tocantins

O outro também tinha luz, mas bem menos que o médico espiritual que iniciou o diálogo.

— Como falei, ele tem muitos altos e baixos. Quando está melhorando, sentimentos de preocupação vem à sua mente e ele piora.

"Preocupa-se com a sua primeira esposa, com a sua última esposa, com o filho do primeiro casamento e com a filha do último casamento.

"Estamos ministrando passes e medicamentos espirituais, contudo, ele ainda não consegue manter a estabilidade.

"Gostaria de deixar este caso com você, a fim de ajudá-lo a se restabelecer" — disse o médico de mais luz ao outro.

— Aceito perfeitamente, e farei tudo o que for ao meu alcance para que ele se restabeleça o quanto antes, e para que possa voltar ao equilíbrio emocional e espiritual.

As cenas eram tão vivas que ela acordou em sobressalto.

Ainda estava dentro do ônibus, e agora o calor era grande.

Abriu um pouco mais a janela, para se refrescar.

Com um lenço de papel, secou o suor que lhe escorria pelo rosto, e pensando na visão em sonho, começou a rezar e assim caiu no sono novamente.

Amarração

Em Palmas

Foi com muita alegria que reencontrou a filha.

Abraçou-a com enorme carinho, um abraço demorado.

— Aconteceu alguma coisa lá em São Paulo? — perguntou a filha.

— Por quê? — disse ela.

— É que a senhora nunca me abraçou assim tão forte — falou a filha.

— Como não?

— A senhora sempre estava com pressa para fazer alguma coisa, passava os dias angustiada, e mal tinha tempo para mim. Brigava tanto com o papai, que muitas vezes fui para a minha cama chorar baixinho, pedindo ao Papai do Céu que um dia vocês pudessem se entender — respondeu a menina.

Aquelas palavras provocaram uma forte reação em Nyla, que deu um abraço ainda mais apertado na filha e chorou de pura emoção.

— Mãezinha, não chore — falou a criança —, vejo que muita coisa está para mudar em nossas vidas.

Capítulo 23

O menino do sonho

Nyla então sorriu para a filha, que continuou:

— Desde que você partiu para São Paulo, à noite vejo a imagem de um menino, mais velho do que eu — falou a menina.

"Ele parecia triste, e ontem, quando ele novamente apareceu no sonho, perguntei o motivo de tanta tristeza.

"Ele então respondeu que a mãe dele estava doente, e que apesar de ter ido ao posto de saúde vária vezes, nenhum médico conseguira saber o motivo da doença.

"Falei em sonho para ele não se preocupar, que assim que você chegasse aqui em Palmas, eu iria pedir a você para ajudá-lo.

"Vi então que ele abriu um sorriso, e me abraçou.

"Depois disso ele me puxou em sonho, e fomos até onde a mãe dele estava.

"Era um quarto bem pequeno, mas muito limpo.

"Em sonho vi também que havia um espelho ao lado da cama, que de vez em quando lançava uma fumaça negra na direção da mãe dele.

"Falei então ao menino que aquela fumaça negra deveria estar prejudicando a mãe dele, e que seria melhor retirá-la dali.

Amarração

"O menino acenou que sim com a cabeça e tentou tirar do quarto o espelho, mas parecia que estava pregado na mesa, não conseguiu sequer movê-lo. Tentei puxar junto com ele, mas nós dois também não conseguimos tirar o espelho dali nem um pouquinho.

"Aí o menino ficou triste novamente — disse a menina.

"Disse para ele não ficar assim, pois quando a minha mãe chegasse aqui em Palmas, eu iria pedir a ela para tirar o espelho do quarto da mãe dele, pois ela é bem mais forte do que nós dois, falei a ele tudo isso em sonho, porém, era como se fosse tudo de verdade."

Nyla mordeu os lábios tentando não chorar, e com lágrimas nos olhos abraçou a filha.

— Vou tirar aquele espelho do quarto da mãe dele sim, minha filha querida, e a mãezinha dele há de melhorar e muito rápido — disse ela enquanto abraçava a filha. — Vim de São Paulo com planos de nos mudarmos para lá, onde tenho certeza de que uma nova vida nos aguarda.

Ela então sorriu para a filha, que abriu um enorme sorriso.

Os dias se passavam e ela ia fazendo os seus planos de mudança.

Anunciou a venda do seu pequeno negócio, e em breve conseguiu um comprador, porém, ninguém aparecia para ver a casa que colocara à venda.

Já havia recebido a metade do pagamento do seu negócio, mas para a casa não apareciam interessados.

Capítulo 24

A oração

Certo dia, Nyla estava olhando ao longe, pela janela, com os olhos sem brilho, quando a sua filha se aproximou.

— O que há, mãezinha, você está triste? — perguntou a menina.

— Ah, querida, tanta coisa vai em meu coração — respondeu ela.

— O quê, mamãe? — retornou a filhinha.

— Desejo voltar a São Paulo, já vendi o nosso pequeno negócio, mas preciso do dinheiro desta casa para nos manter por lá enquanto procuro emprego. E até hoje, não apareceu ninguém para fazer uma proposta pelo nosso imóvel — falou ela.

"O tempo está passando, o dinheiro que recebemos pela venda do nosso negócio está sendo usado para as despesas do nosso dia a dia, e não sei o que vai acontecer conosco se não vendermos logo a casa" — respondeu ela.

A menina olhou-a com muito carinho e respondeu.

— Mamãe, e se nós rezássemos juntas, pedindo ao Papai do Céu para nos ajudar a vender logo a casa? — falou a filhinha.

Como ela não havia pensado nisso?

Afinal não fora a própria preta velha que disse a ela para "orar e vigiar"?

Amarração

Ela bem que vigiava, pois tinha visto os rostos deformados daqueles quiumbas — espíritos obstinados no mal —, e mantinha sempre os pensamentos elevados para não tê-los à sua volta, porém, se esquecera de orar.

Naquele momento, o sino da igreja bateu seis vezes.

Eram seis da tarde, ela aproveitou este momento para ficar bem pertinho da filhinha, e com as mãos justapostas rezaram, olhando o céu azul rasgado pelos últimos raios de um lindo pôr do Sol.

Sentiram que energias renovadas vinham para o seu ser, e combinaram que todos os dias iriam rezar juntas naquele horário.

Passara-se uma semana e nada havia acontecido, quando um dia, na parte da tarde, a vizinhá bateu à sua porta.

— Olá — saudou Nyla —, em que posso lhe ser útil?

— Posso entrar? — perguntou a vizinha.

— Sim, a casa é sua, ou de quem a quiser comprar — brincou ela.

— É sobre isso mesmo que quero lhe falar — respondeu a vizinha.

— Tenho um afilhado que está querendo se mudar aqui para Palmas.

"Ele tem um negócio próprio em São Paulo, porém, as coisas não estão bem para ele. Os negócios parecem que não vão para frente e meu marido disse a ele para se mudar para cá.

A oração

"Já falamos das várias pessoas que vieram, e se saíram bem, e ele começou a ficar animado.

"Hoje meu afilhado ligou lá de São Paulo, na hora do almoço, e disse que estava pensando sério em se mudar para cá. Meu marido convidou-o então para trabalharem juntos, até ter dinheiro para manter-se por aqui.

"Nosso afilhado ficou feliz com a ideia, porém, estava tentando vender o seu negócio em São Paulo, mas não aparece qualquer comprador.

"Pensei então em você. Você não está querendo vender esta casa a fim de se mudar-se São Paulo? — continuou a vizinha.

— Sim, estou — respondeu Nyla.

— Como o meu afilhado também está querendo vender o negócio dele lá em São Paulo, que tal vocês se falarem para fazerem uma troca? — perguntou a vizinha.

— Quem sabe vocês chegam a um acordo e ele vem para Palmas, morar vizinho a nós, e você volta para São Paulo já com um negócio, até a vida melhorar?

— Boa ideia — tornou Nyla.

— Posso falar com ele pelo seu telefone? — perguntou então.

Capítulo 25

O retorno a São Paulo

Depois de alguns telefonemas, foi combinado que Anderson, o afilhado da vizinha, tiraria várias fotos do restaurante por quilo que tinha em São Paulo, e iria ver Nyla em Palmas, a fim de acertarem o negócio.

Ele era uma pessoa muito bondosa, vendo a situação de Nyla, fez de tudo para ajudá-la também.

Depois de alguma conversa, o negócio estava fechado.

Ela trocara a casa em Palmas, estado de Tocantins, por um negócio em São Paulo, capital, e na troca ainda recebeu algum dinheiro que iria garantir a manutenção dela e da filha por alguns meses.

Acertaram toda a papelada, e partiram mãe e filha para São Paulo.

Durante a viagem as duas vinham fazendo planos.

A filhinha, apesar de cansada pela longa viagem, mal podia esperar para conhecer São Paulo, fazia perguntas sobre a cidade o tempo todo.

— A única pena, mamãe, é que em São Paulo não tem praia — falou a filhinha —, gostaria tanto de ver o mar...

— Um dia eu levo você para ver o mar. Realmente em São Paulo capital não tem mesmo, porém, na Baixada Santista tem, e aí você poderá ir à praia.

O retorno a São Paulo

— Ah, mamãe, como sou feliz, vou poder ver o mar — respondeu ela, agora quase dormindo, exausta pelo cansaço da longa viagem.

A viagem se passava e Nyla sentia-se ansiosa pelo seu novo negócio e por como iria fazer para apagar o passado.

Chegando a São Paulo, mãe e filha ficaram na casa de uma amiga.

O negócio que haviam comprado ficava em uma casa alugada, e até havia um quartinho onde poderiam morar, mas ele estava cheio de coisas quebradas e sem utilidade, era um verdadeiro depósito de coisas inúteis.

Precisaram de quase uma semana para arrumar tudo.

Mãe e filha mudaram-se então para aquele imóvel que passou a ser ao mesmo tempo moradia e seu ganha-pão.

Sem muitos recursos, ela mesma pintou como pôde a frente do imóvel, fez algumas melhorias mais urgentes e reiniciou os negócios.

Apesar de todo o empenho, parecia que as coisas não iam para frente.

Ela vendia refeições por quilo, mas poucas eram as pessoas que iam ao restaurante.

Anderson não zelara muito pelo local, que ficou com a fama de lugar sujo, onde as pessoas eram mal atendidas, e os clientes afastavam-se de lá, mesmo sabendo que agora estava sob nova direção.

Vendo que precisava de ajuda extra, voltou ao terreiro de Umbanda, agora com a filha.

Capítulo 26

A volta ao terreiro

Assim que ambas entraram no terreiro, a filhinha começou a fazer uma série de perguntas que ela não sabia responder.

— Filha, sempre vim aqui apenas para pedir ajuda, como um acidentado vai ao pronto-socorro e não retorna mais enquanto não precisa de mais ajuda novamente. Eu nunca havia reparado nas coisas que você me pergunta agora. Quem sabe haja algum livro, ou algum curso ao qual possamos ter acesso para matar a sua curiosidade.

— Que bom mamãe — disse a menina.

— Quando entrei aqui senti uma alegria muito grande, como se estivesse voltando a um lugar conhecido, não sei como explicar isso — disse a filha.

— Quem sabe o terreiro desperte alguma lembrança de seu passado em outras vidas — falou Nyla.

— Como assim outras vidas, mamãe?

— Filha querida, agora acredito que nunca morremos — disse Nyla.

— Como assim, mamãe? — perguntou a menina.

— O corpo é que morre, mas o espírito não morre nunca, minha filha — respondeu ela. — Por isso podemos ter fé de que o seu pai que agora está na pátria espiritual, um dia virá até nós para nos rever, ou que ao desencarnarmos, como

A volta ao terreiro

falam os kardecistas e umbandistas, em vez de morrermos, como diriam outros, nós é que iremos vê-lo — tornou ela.

— Mamãe, é por isso que às vezes em sonho vejo o papai. Ele está dentro de uma espécie de cama, que flutua, e em cima dele tem um tipo de vidro.

— E o que mais você vê, minha filha?

— Vejo também um homem todo de branco, parecendo um médico, do seu lado, e quando o papai começa a se virar de um lado para outro dentro daquela concha de vidro, o homem faz uns gestos, e dentro da concha de vidro começa a sair uma fumaça colorida, e o papai volta a dormir.

"E em sonho vejo também aquele menino que sonhava quando a gente estava em Palmas, me pedindo para levar você à casa dele, para poder tirar o espelho."

— Filha querida — tornou ela —, isso é tudo o que quero na vida.

O terreiro

O terreiro estava cheio.

Os trabalhadores da casa andavam de um lado para o outro, cada um em sua função.

Enquanto uns distribuíam as senhas, conforme a ordem de chegada, outros se preparavam para os trabalhos mediúnicos.

Amarração

No horário exato, o pai de santo da casa começou a preleção.

Apesar da tenra idade, a filha sentou-se e comportou-se como se fosse um adulto, em meio à assistência.

O sacerdote falou então sobre o amor que deve unir as pessoas, independentemente de religião, classe social, sexo ou raça.

Falou sobre a necessidade de todos procurarem se melhorar como seres humanos, tratando os seus próximos como gostaríamos de ser tratados.

Disse que todos somos irmãos, pois somos todos filhos de um mesmo Pai, Olorum, nosso Criador.

Pediu que todos procurassem se ligar à espiritualidade maior, principalmente nos momentos em que a fé parece fugir, quando somos defrontados com dificuldades em nossas vidas.

Nesta hora, a filhinha olha para Nyla, que, sentindo o significado do olhar, diz baixinho:

— É o que estamos fazendo agora, querida, mas fique quietinha está bem?

Terminada a preleção, iniciaram-se os trabalhos, com o cântico de pontos para a abertura da gira e para a presença das entidades espirituais.

A filhinha procurava cantar em conjunto, e às vezes ficava tão empolgada que sem querer punha-se de pé, e Nyla tinha de puxá-la para que sentasse novamente.

A volta ao terreiro

Logo após a incorporação dos Orixás fez-se um intervalo, quando o sacerdote informou que agora viriam em terra os guias de trabalho, que iriam fazer as consultas.

O pai de santo advertiu então que a casa só trabalhava para a luz, e que o terreiro não fazia trabalhos para prejudicar ninguém, muito menos fazia "amarração".

Falou também que quem tivesse ido lá para pedir um pouco de luz, estaria no lugar certo.

— Mãe, o que é "amarração"? — perguntou a filhinha, cutucando Nyla.

Ela ficou toda embaraçada.

Primeiro porque aquelas palavras do pai de santo lhe cravaram fundo, como se fossem uma faca. Depois temia que sua filhinha percebesse, por algum deslize na explicação, que ela mesma havia feito um trabalho de amarração, do qual muito se arrependia.

— Bem — disse Nyla —, "amarração" é quando uma pessoa faz algum trabalho de magia negra para atrair uma outra pessoa que não gosta dela.

— Como atrair quem não gosta? — perguntou a filha.

— É..., bem..., como diria..., uma pessoa gosta de outra, mas a outra não gosta dela, aí vai num feiticeiro para fazer um trabalho para que aquele que não gosta, passe a gostar dela. Isso é chamado amarração, entendeu?

— Mas mamãe — retornou a filhinha —, como a pessoa que não gosta fica gostando?

Amarração

— Filha querida, há muito desatino, muita coisa errada que se faz nesta vida, e esta é uma delas. É o uso da magia para prejudicar o seu semelhante, magia negra.

— E tem a magia branca também, mamãe?

— Tem sim, minha querida, e estamos aqui exatamente por isso.

A filhinha ia fazer outra pergunta à mãe, quando os médiuns começaram a incorporar os seus guias, e iniciou-se a chamada pelas senhas.

Capítulo 27

A Lei Áurea

Por coincidência, ela caiu com a mesma preta velha da consulta anterior.

— Que bom, Mãe Maria d'Além-Mar, ter voltado a passar com a senhora — disse ela à preta velha incorporada na mãe de santo.

— Coincidência, filha? Em um terreiro de Umbanda não há coincidências, tudo é organizado pela espiritualidade maior, em seus mínimos detalhes. Na hora em que você se determina a vir para cá, tudo é orientado pela espiritualidade maior, de forma que até com qual guia você irá passar é acertado.

— É tudo muito impressionante, preta velha.

— Hoje trouxe a sua filha?

— Sim, preta velha, e agora vou trazê-la sempre aqui para tomar ao menos uns passes.

— Então vamos atendê-la em primeiro lugar — disse a preta velha.

A filhinha foi posta então no banquinho em frente à bondosa entidade.

— Como é o seu nome? — perguntou a preta velha.

— Meu nome é Isabel, e o seu? — disse a menina.

Amarração

— Meu nome é Mãe Maria d'Além-Mar — respondeu a preta velha.

— Bonito nome, assim como você — disse a criança.

A preta velha olhando aquela criança tão pequenina ainda, mas tão desinibida, deu um largo sorriso.

— Você está gostando daqui? — perguntou a preta velha.

— Sim, estou. Como falei com a mamãe, quando entrei aqui, me senti em casa, como se estivesse voltando a um lugar conhecido, mas eu não sei bem o que está acontecendo.

— E você consegue lembrar-se de alguma coisa neste lugar, filha?

— Não, só que parece muito bom estar aqui — respondeu Isabel.

— Então saiba que tanto você quanto a sua mãe trabalharam em um terreiro, antes desta vida, por isso sentem tanta afinidade com este lugar. Ele faz vocês sentirem toda a magia religiosa do ritual de Umbanda, na força dos Orixás, filha.

"No passado, os europeus, querendo tirar o ouro da África, provocaram guerras de todo o tipo.

"Povos irmãos começaram a lutar entre si. Um tentava ser mais que o outro, e os vencidos eram escravizados pelos vencedores desta luta brutal, eram vendidos como escravos a troco de mais munição e armamento.

A Lei Áurea

"Muitos destes escravos eram nobres na África, havia entre eles príncipes, princesas, reis e rainhas que foram vencidos e vendidos como escravos. Acabaram chegando ao Brasil, onde foram trabalhar nas fazendas de café e de cana-de-açúcar. Trabalhavam de sol a sol, sem o descanso dos finais de semana.

"À noite, na senzala, como chamavam o lugar onde os escravos se recolhiam para dormir, eles pediam aos sagrados Pais e Mães Orixás, suas divindades, para ajudá-los a sair daquela prisão."

— E por que os Orixás não os ajudaram? — perguntou Isabel.

— Porque a prisão que eles estavam não era apenas a prisão do corpo, mas também a do espírito, e enquanto eles estivessem assim presos no espírito, não conseguiriam sair da prisão do corpo, filha.

"Muitos pagavam durante aquela vida, os erros cometidos no passado.

"A verdadeira nobreza não é a de ser superior a ninguém, filha. A nobreza é saber que todos somos iguais. E o que nosso Criador Olorum e os sagrados Orixás queriam é que eles se unissem, em vez de se odiarem, como aconteceu na África.

"Foi preciso que sofressem na carne para se unirem em espírito, e quando isso aconteceu viram que um dependia do outro para continuar vivo, em vez de se odiarem, tudo mudou.

Amarração

"Aí os escravos começaram a receber muitos benefícios, inclusive com leis que os protegia, e até homens brancos passaram a defendê-los.

"E foi tanta a ajuda do Alto, que, em 13 de maio de 1888, a princesa Isabel assinou a Lei Áurea, libertando todos os escravos do Brasil."

— Então teve uma princesa com o meu nome? — perguntou a pequenina.

— Não — respondeu a preta velha —, tem uma menina com um nome de princesa, e essa menina é você, filha querida.

E assim falando, abraçou a pequena Isabel.

A menina sentiu seu pequenino corpo estremecer por dentro.

Naquele momento sentiu algo tão forte dentro de si, como nunca sentira antes.

Aquela atmosfera mística, o som dos atabaques, os pontos cantados, o cheiro de incenso no ar, os médiuns vestidos de branco, com suas guias presas ao pescoço como colares, os pretos velhos incorporados nos médiuns, dando consulta, sem nada cobrarem, velas de várias cores acesas iluminando a matéria e o espírito...

Tudo isso formava um ambiente com grande força espiritual.

A pequena Isabel não entendia muita coisa que se passava ali, porém, de uma coisa tinha certeza, ali era um lugar do bem.

A Lei Áurea

Seu coraçãozinho agora batia mais forte de tanta alegria.

O abraço da preta velha parecia ter-lhe aberto lembranças na memória ainda não muito claras, mas que eram coisas boas, pois sentia a vontade de não mais sair dali.

A preta velha ministrou-lhe um passe, encerrada a consulta, pediu para Isabel ceder lugar à sua mãe.

Capítulo 28

Saravá

A preta velha então cumprimentou Nyla ao sentar-se no banquinho.

— "Saravá", filha — disse a preta velha —, seja bem-vinda a este humilde terreiro.

— Muito obrigada, preta velha — respondeu ela.

— Filha, sabe o que significa "saravá"?

— Não, senhora.

— Saravá significa "salve" ou "viva", e aqui em São Paulo, nos terreiros de Umbanda ou nas roças de candomblé, é dito com o significado de "Salve sua força!", assim como no mantra da Índia, "namastê", que significa "o Deus que tem dentro de mim, saúda o Deus que tem dentro de você".

— Se é assim, "saravá" para a senhora também, preta velha.

— Estou vendo que está mais disposta, filha.

— Depois da última consulta saí daqui arrasada, mas fui melhorando, melhorando, e tenho um monte de novidades para falar com a senhora, e também algumas coisas para pedir-lhe, como sempre, preta velha.

— Filha, pode ficar à vontade, que o que eu e toda a espiritualidade que sustenta este humilde terreiro

Saravá

pudermos fazer para ajudá-la, faremos, desde que, além de você, outros também sejam ajudados.

— Muito obrigada, preta velha, bem então vamos lá.

Sentindo novas forças renovando todo o seu ser, Nyla começou a narrar o que estava acontecendo em sua vida.

— Bem, Mãe Maria d'Além-Mar, saí daqui e resolvi voltar para Palmas, no Tocantins, para vender tudo o que tinha e mudar-me para cá.

"Consegui vender logo o meu negócio, mas ninguém visitava minha casa, que estava à venda.

"Um dia, eu e Isabel rezamos com muito fervor, e alguns dias depois, por uma coincidência incrível, minha vizinha propôs uma troca: ela tinha um afilhado aqui em São Paulo que queria vender o seu negócio e tentar uma nova vida em Palmas, sabendo que eu estava vendendo a minha casa a fim de me mudar para Sã Paulo, propôs uma permuta."

— Coincidência, filha? Não foi coincidência, foi tudo ajuda e proteção do Alto. Você se propôs a reparar os seus erros, e a espiritualidade superior sempre ajuda a todos os filhos que trilham o caminho do bem, da verdade e do amor.

— Que bom, preta velha. Pois bem, fiz a troca, vim para cá, e estou trabalhando como nunca em meu novo negócio. É um restaurante por quilo, porém, as coisas não vão muito bem por lá. Arrumei o restaurante, que ficara abandonado pelo antigo proprietário, até pintei a frente da casa, mas o lugar ficou com má fama, e com isso

Amarração

tenho poucos clientes. A senhora nem imagina o que tem sobrado de comida, por falta de freguês, dá até dó.

— Filha, falou que o lugar ficou com má fama, má fama de quê?

— Disseram os antigos clientes que antes de eu assumir o restaurante o então proprietário foi abandonando o negócio, e com isso a comida não ficou mais como era antes, e com as instalações daquele jeito, sem pintura, tudo velho, começou a dar uma aparência de sujo, e com isso as pessoas se afastaram de lá.

— Entendo, então vamos modificar esta imagem que todos têm do seu novo restaurante, pode ser, filha?

— Claro, é para isso que vim aqui também.

Neste momento a preta velha começou a dar passes em Nyla.

Pediu para que ela fizesse algumas coisas no restaurante e continuou a consulta.

— Filha, tem mais alguma coisa a falar?

— Tenho sim, preta velha — disse ela.

Sentindo um carinho e respeito muito grande por aquele espírito de luz à sua frente, na forma de uma humilde preta velha, Nyla falou:

— Em verdade, vim para São Paulo por fé na sua orientação quanto ao meu caso. Quero ajudar a primeira esposa de meu falecido marido, e também o filho deles. Preciso de forças espirituais e recursos materiais para isso, e vim pedir ajuda à senhora

Saravá

— Filha, sabe que iremos fazer todo o possível para ajudá-la. Você ainda se lembra das feições dela?

— Lembro sim, preta velha.

— Então pensa nela, filha.

Neste momento, a preta velha começou os passes, e à altura em que ia fazendo o benzimento, os olhos da preta velha foram se enchendo de lágrimas.

— Está vendo estas lágrimas, filha?

— Estou sim, preta velha. A senhora ficou com pena dela, não é?

— Não, filha, estas lágrimas foram cargas que arranquei dela e passei para mim. Ela está bem carregada. Só tirei o que foi possível. Cabe a você agora desfazer o que pediu para aquele feiticeiro fazer a fim de prejudicar a moça.

— É, eu sei — disse ela agora mais triste, relembrando o seu passado. — Vou tentar entrar em contato com ela e sei bem o que fazer para, ao menos, reduzir toda esta carga.

Dito isso, ela pediu para a preta velha benzer a distância o filho do primeiro casamento de seu marido, o que ela fez com muito carinho.

— Bem, filha, agora é hora de ir, porém, você precisa vir toda a semana aqui ao terreiro, pois tem uma missão muito difícil pela frente, e precisa estar forte para chegar até o fim.

— Pode deixar, preta velha, virei sim.

Amarração

Mãe e filha saíram então do terreiro, e foram para o quarto no restaurante, que lhes servia de moradia.

— Mamãe, gostaria de voltar mais vezes ao terreiro. Você nem imagina como me senti bem lá — disse Isabel.

— Pode deixar, minha filha, iremos voltar todas as semanas.

Capítulo 29

O restaurante

Os dias se passaram, e nada do número de clientes aumentar.

Era sempre o mesmo pessoal, que ela procurava agradar de todas as maneiras.

Certo dia, um cliente enquanto pagava a refeição, falava com ela.

— Você nem imagina como era este restaurante no início, chegava a ter fila para entrar, até que o proprietário anterior, não sabendo lidar com o público, foi tratando todo mundo mal e os clientes se afastaram. Só continuei porque fica próximo a meu emprego, e por comodidade me mantive aqui.

Nyla sorriu para ele um sorriso triste, como que confirmando o que ele havia acabado de falar, e ao mesmo tempo procurando uma resposta para aumentar a freguesia.

O homem continuou.

— Vejo que você é bem diferente do outro proprietário. Está sempre disposta a atender bem os clientes, procura manter tudo sempre limpo... Eu gostaria de ajudá-la.

Nyla então o olhou com grande interesse, abrindo enorme sorriso, como se antecipando a um agradecimento.

Amarração

— Pensei que se você pudesse imprimir alguma propaganda sobre seu restaurante, dizendo que agora está sob nova direção, eu poderia distribuir lá na empresa, e quem sabe eles pudessem vir e verificar como tudo aqui mudou.

— Ótima ideia! Vou providenciar os panfletos e, quando estiverem prontos, entrego ao senhor — disse Nyla. — Muito obrigada por se preocupar conosco — disse puxando para junto de si Isabel, que no momento brincava com uma boneca próxima a ela.

Quando o restaurante se preparava para fechar, ela tirou um tempo para anotar em uma folha o que pensava ser a melhor forma de divulgação. Tirou algumas cópias, e no dia seguinte passou àquele senhor que prometera ajudar.

— Vou distribuir este material lá na empresa, contudo, gostaria de fazer algumas modificações, pois trabalho com publicidade, e tenho algumas ideias que poderiam melhorar este prospecto — disse o senhor.

Ela agradeceu muito, e se despediram.

Novos clientes

No dia seguinte, novos clientes apareceram.

Ela procurou tratar a todos com muita atenção, e não hesitou em pedir que levassem uma cópia da propaganda que havia criado.

O restaurante

— Não precisa — disse uma nova cliente, muito falante. — A sua propaganda já está no mural que temos na empresa.

— Espero que tenham gostado, voltem sempre — disse Nyla.

— Voltaremos sim — tornou a moça falante. — O que nos afastou daqui foi a falta de cortesia do antigo dono, e a mesmice da comida. Era sempre a mesma coisa, nunca tinha um prato diferente, quem aguenta um restaurante assim?

— Se foi este o motivo, podem voltar sempre, pois continuamente teremos novidades.

Aquela resposta era o que Nyla vinha pedindo, desde que reinaugurou o restaurante.

Até ela mesma vinha incorrendo neste erro, os pratos novos eram poucos.

Era sempre a mesma coisa.

Quando o senhor que prometeu ajudá-la foi pagar a conta, ela agradeceu o que ele havia feito por ela.

— Agradeço a sua ajuda. Hoje vieram novos clientes lá da sua empresa, graças à sua indicação, muito obrigada.

— Não há de que, gosto de ajudar as pessoas — disse ele.

Neste momento, ela se lembrou da imagem da primeira esposa de seu marido, do quarto humilde, do feiticeiro, e de que precisava ajudá-la, bem como ao filho dela.

Disfarçando os seus pensamentos, perguntou qual o nome do senhor.

Amarração

— Meu nome é Osíris, e o seu?

— Eu me chamo Nyla.

— Que nome diferente — completou Osíris.

— É o nome de uma princesa do antigo Egito, que levou este nome em homenagem ao rio Nilo, que com as suas águas dá fertilidade às terras áridas daquele país. Minha mãe sempre foi muito mística, e gostava muito de ler sobre o Egito.

— E o seu nome, Osíris, também é de origem egípcia, não?

— Sim, Osíris é o nome de um deus muito popular na mitologia egípcia, era ele quem julgava os mortos, pesando a bondade em seus corações.

"Nyla aqui está o novo arranjo que dei ao seu prospecto" — disse Osíris.

Quando ela olhou o panfleto, nem acreditou que fosse baseado no trabalho que ela havia feito.

— Está lindo, nunca vi algo tão bem elaborado — disse levantando-se ao mesmo tempo em que olhava fixamente o folheto. — Parece que é a propaganda de um restaurante de luxo, Osíris.

— Nyla, só depende de você transformar este restaurante em um lugar de luxo. Todos os nossos sonhos podem se transformar em realidade, desde que tenhamos fé e tragamos benefícios a todos.

Ouvindo aquelas palavras, Nyla ficou sem saber o que responder a Osíris.

O restaurante

Quem era ele que trazia tanta sabedoria e fé?

Ela ficou olhando para ele, sem falar nada, e disfarçou como pôde com um sorriso, como fazia nestes casos.

— Osíris, você é um anjo vivo. Muito agradeço toda a sua ajuda, e as palavras de incentivo para me ajudar a continuar nessa jornada da vida.

E olhando para ele com admiração, continuou.

— Deve sair caro imprimir este folheto, não?

— Já fiz alguns orçamentos com as gráficas que trabalham para nós, e aqui estão — disse ele, apresentando a ela as cotações de preço.

Continuou ele:

— Como facilitam o pagamento, seria investir na primeira parcela, que pedem à vista, e as outras parcelas, o próprio restaurante gera recursos para pagar.

Ela então deixou nas mãos dele contratar uma das gráficas, para início da divulgação do restaurante.

— Osíris, às vezes acho que estou abusando da sua boa vontade, mas tenho mais uma coisa que preciso da sua ajuda.

— Pode falar, Nyla, se eu puder ajudar.

— Uma das suas colegas do trabalho falou hoje que os clientes se afastaram daqui porque os pratos eram sempre os mesmos, e francamente, acho que estou caindo no mesmo erro. Como os recursos são poucos, e sobra muita comida, acabo não fazendo outras opções, e acabo repetindo os pratos.

Amarração

Com os olhos dirigidos ao alto, como quem procura uma resposta, Nyla continuou.

— Vivi muito tempo em Palmas, no Tocantins, onde os hábitos alimentares são diferentes dos daqui, por isso estou insegura em saber atender ao gosto do paulistano, talvez seja este o motivo principal de não fazer mais opções.

— Nyla, vou pensar nisso e procurar uma resposta, pois agora tenho que voltar ao trabalho.

No dia seguinte, Osíris chegou com um grande sorriso ao restaurante.

Agora já se sentia mais íntimo de Nyla, e em vez de se sentar em seu lugar habitual, foi sentar-se perto dela no caixa.

Enquanto comia, falava com ela.

— Nyla, esta noite tive uma ideia.

Os olhos de Osíris não conseguiam disfarçar a alegria que vinha dentro dele, que continuou.

— A ideia é promovermos uma pesquisa de opinião com os clientes que já frequentam o restaurante.

— Explique melhor, Osíris.

— Vamos colocar em uma folha de papel os pratos que você conhece lá do Tocantins, e os outros que conhece daqui, aí, quando os clientes vierem fazer o pagamento, você mostra a eles o papel com as opções, e pede para anotarem em ordem de preferência quais pratos "especiais" gostariam de comer na próxima semana.

O restaurante

Ele dizia isso com os olhos brilhando, e olhando em direção aos dela continuou.

— Depois você faz a divulgação do resultado da pesquisa e monta o cardápio de cada dia da semana, com o prato especial mais votado. Os clientes irão se sentir mais participativos, e verão a sua preocupação em agradá-los. Você pode também preparar algum prato típico do Tocantins em um dia da semana.

— Osíris, sei fazer um peixe no leite, uma especialidade do Tocantins, que você vai comer tanto que até vai perder o horário da volta do almoço para a sua empresa — disse Nyla.

Os dois riram muito.

Capítulo 30

Um restaurante diferente

No outro dia, os clientes do restaurante foram surpreendidos com a pesquisa de opinião sobre o que gostariam de comer em cada dia da semana seguinte como prato especial.

Recebiam uma folha de papel com várias opções para escolha, e também podiam dar as suas sugestões.

No início, a reação de alguns foi de espanto, pois nunca viram antes qualquer restaurante se preocupar com o gostos culinários de seus fregueses.

Nyla, vendo a reação, pediu que levassem o papel para responderem mais tarde, e que trouxessem no dia seguinte.

A reação foi fantástica!

Muitos levaram a pesquisa para as suas empresas, o que despertou a curiosidade de seus colegas de trabalho, que quiseram saber do que se tratava.

Com isso, no dia seguinte, novos clientes apareceram no restaurante.

— Vi meu colega preenchendo um papel com uma lista de pratos, e fiquei curioso, ele falou que vocês estavam querendo atender o gosto dos seus clientes, criando um cardápio diferenciado, e achei a iniciativa muito bacana, por isso vim aqui hoje conhecer a casa — disse um.

Um restaurante diferente

— Que legal a iniciativa de vocês, mas será que se todo mundo quiser comer carne de faisão, você não corre o risco de falir? — brincou outro.

— Puxa, que ideia legal você teve! Será que vai conseguir atender o gosto de todo mundo? — perguntou outro.

E assim o restaurante foi atendendo cada vez mais clientes, que vinham para conhecer o local, fruto da iniciativa inovadora.

Quando Osíris chegou, no horário habitual, Nyla era somente sorrisos.

— Osíris, vá se servir, e sente-se aqui perto para que eu possa lhe contar as coisas boas que estão acontecendo depois que você me passou aquelas ideias.

Ele se serviu e foi comer em uma mesa próxima ao caixa, onde Nyla ficava.

— Você é um gênio, Osíris! Nem imagina a reação em cadeia que aquela pesquisa teve — disse ela ao mesmo tempo em que interrompia a conversa para atender os clientes que vinham pagar a refeição.

E continuou:

— Várias pessoas ficaram sabendo da pesquisa, e estão vindo para conhecer o nosso restaurante, Osíris. Agora vou elaborar o cardápio, e gostaria da sua opinião, antes de apresentar aos clientes.

— Pode contar comigo, como sempre — disse Osíris com um amplo sorriso.

Amarração

Nyla então foi pegando as folhas com a pesquisa, juntou todas e começou a elaborar o cardápio da próxima semana.

O primeiro foi complicado, pois havia várias sugestões, afinal São Paulo acolhe pessoas de todos os estados do Brasil, e os pratos sugeridos vinham de todos eles, tal a diversidade dos clientes.

Ela ficou confusa a princípio, mas seguindo a intuição feminina, e como gostava de cozinhar, fez o melhor cardápio possível.

No dia seguinte, Osíris chegou, foi se servir, e já sentou na mesa próximo ao caixa, onde agora virara o seu lugar habitual.

— E aí, Nyla, já fez o cardápio?

— Fiz sim, aqui está — mostrou ela o seu trabalho.

— Bem, posso dar uma olhada também na pesquisa? — pediu Osíris.

Ela então foi pegar as várias folhas com o retorno dos clientes quanto ao cardápio.

— Aqui estão — disse Nyla.

Entre uma garfada e outra, Osíris foi separando as folhas, juntando em grupos, depois pediu uma folha em branco, e fez várias anotações.

— Você é bom nisso também, hein? — disse Nyla a Osíris.

— Como falei, sou publicitário, e isso faz parte da minha atividade profissional, só não sei cozinhar como você — brincou ele.

130

Um restaurante diferente

— Então pode ficar sossegado, é só continuar a vir aqui, que a sua comidinha estará sempre pronta — brincou ela.

Isabel que via tudo aquilo, abraçando a sua bonequinha, olhou para os dois e disse.

— Vocês formam um lindo casal.

Nyla e Osíris ficaram vermelhos da cor do tomate maduro, e sorrindo para disfarçar, Nyla pediu para Isabel pegar um copo d'água na cozinha para ela.

Osíris voltou a ficar compenetrado no estudo da pesquisa, e depois de algum tempo, começou a comparar sua análise com o cardápio feito por Nyla.

— Só gostaria de propor duas alterações — disse ele.

E ante o olhar de Nyla, foi explicando:

— Aqui em São Paulo, algumas empresas procuram relaxar um pouco o ambiente de trabalho, para reduzir o estresse às sextas-feiras, e para isso permitem que os funcionários do escritório venham com roupas menos formais neste dia, e outras empresas antecipam o horário do final de expediente.

— É mesmo, Osíris, aqui as pessoas estão sempre agitadas, mal se falam, bem diferente de Palmas, onde todos conversam mais.

— Isto é coisa de cidade grande, Nyla, onde as pessoas mal se conhecem e parecem estar sempre apressadas, correndo atrás de coisas que às vezes nem elas mesmas sabem o que são. E mal se falam. Por isso, às sextas-feiras algumas empresas fazem isso, que é para tentar integrar

Amarração

mais a equipe. Portanto, nesse dia, poderíamos ter este prato especial aqui.

Osíris mostrou as alterações propostas.

Ela olhou, e depois de analisar um pouco, comentou:

— Osíris, essa primeira alteração não poderei fazer, pois o preço dos ingredientes vai ficar muito fora dos meus preços; estou começando, e preciso controlar os gastos, mas esta outra aqui está muito boa, e dá para fazer sim.

Assim, acertaram, e Nyla começou a preparar as coisas para a próxima semana.

Capítulo 31

De branco

O final da semana chegou.

Isabel acordou no domingo já lembrando Nyla do dia da gira no terreiro.

— Pode deixar que não me esqueci, filha querida, vamos sim.

— Mamãe, queria fazer um pedido.

— Qual é, Isabel?

— Será que eu poderia ir à gira de hoje toda de branco, como os médiuns andam por lá?

Nyla olhou então para a filha e falou.

— A preta velha deve ter razão, você deve ter sido mãe de santo em alguma encarnação. Eu nunca vi uma menina da sua idade gostar tanto de um terreiro, como você.

— Bondade sua, mamãe, devo ter sido ao menos uma humilde trabalhadora, como todos os médiuns de lá.

Não, não era possível que uma criança daquela idade falasse uma coisa dessas.

Nyla sentia-se conversando com uma pessoa mais velha.

Isabel realmente surpreendia a cada dia que passava.

Amarração

Na entrada do terreiro

A fila para entrar no terreiro parecia aumentar a cada semana.

Nyla e Isabel chegaram cedo, porém, teriam que esperar mais do que o habitual, por terem recebido uma senha com o número maior.

— Nossa, mamãe, viu só como tem gente hoje aqui?

— Vi sim, Isabel, o terreiro está crescendo, hein? Também pudera, ajuda a tanta gente, e não fazem distinção de nada, nem de cor, nem de sexo, nem de classe social e nem mesmo de religião.

As duas se acomodaram nas cadeiras para aguardar os trabalhos espirituais.

Isabel, sentada na cadeira ao lado da mãe, mexia os pezinhos ansiosa para chegar logo o início dos trabalhos.

Nisso passou por perto dela a filha de uma trabalhadora.

Tinha aproximadamente a mesma idade que Isabel, e vestia o uniforme do terreiro, toda de branco, com a camiseta portando o símbolo do terreiro.

Ao redor do pescoço, algum colares de Umbanda.

Quando Isabel viu a menina assim trajada, puxou o braço da mãe.

— Olha, mãe, olha lá.

— Lá o quê, Isabel?

De branco

— Ali, mamãe, aquela menina toda vestida com o uniforme do terreiro — disse apontando para a menina, que agora já estava de costas.

— Que gracinha, hein, Isabel?

— Mãe, mãezinha querida, eu também quero me vestir como ela — disse virando os olhinhos para cima, como sempre fazia para encantar a mãe.

— Isabel, ela deve ser filha de algum trabalhador, não sei se qualquer um pode vir assim com o uniforme do terreiro, mas acredito que não.

— Então por que você não se torna trabalhadora também do terreiro, assim quem sabe poderei usar aquelas roupas brancas tão bonitas?

— Minha filha, eu sou uma devedora da lei, não sou digna de me vestir de branco para servir nesta casa — disse Nyla, com grande tristeza em seu coração.

— Mamãe, não diga isso, você é a melhor mãe do mundo!

Nyla então engasgou, e tentou disfarçar as lágrimas que começavam a brotar em seus olhos.

Abraçou a filha com força, e disse:

— Obrigada, minha filha, você é tudo o que tenho de bom neste mundo! Obrigada por ter me escolhido para ser sua mãe. Você é o anjo bom da minha vida.

Ainda nos braços de Nyla, Isabel respondeu.

— E o outro anjo bom é o Osíris, hein, mãezinha?

Amarração

Nyla então sorriu, e disse, olhando Isabel:

— Você só é criança no tamanho, hein, Isabel? Vamos, fique quietinha que o pai de santo já está chegando para fazer a preleção.

Capítulo 32

A consulta com a baiana

O sacerdote iniciou a preleção e informou que a casa mantinha um trabalho permanente de desenvolvimento mediúnico, quem tivesse interesse em participar, deveria falar com o guia durante a consulta.

Disse também que o desenvolvimento era natural, seguindo o desabrochar de cada médium para a espiritualidade.

Isabel não se conteve e, olhando para a mãe, disse:

— Viu, mamãe, é assim que poderemos trabalhar aqui no terreiro!

— Silêncio, Isabel, não vê que o pai de santo está falando?

O sacerdote, que ouviu o diálogo entre as duas, sorriu levemente e continuou a preleção.

O culto foi iniciado, depois da incorporação dos Orixás, fez-se o intervalo para que os médiuns pudessem se preparar a fim de receber a incorporação dos guias de trabalho, que fariam então as consultas gratuitas.

Depois de algum esperar, finalmente Nyla e Isabel foram chamadas para a consulta.

Desta vez passaram com outro médium.

— "Saravá" — disse Nyla aproximando-se da médium.

Amarração

— "Saravá" — respondeu a médium.

— A senhora poderia antes dar um passe em minha filha?

— É claro — respondeu a médium com forte sotaque de baiana.

— Desculpe perguntar — disse Isabel —, mas a senhora é do Nordeste?

— Eu sou de Deus, de Pai Olorum — respondeu a entidade.

— Desculpe se a ofendi — disse Nyla —, é que sou nova aqui e não entendo muito bem o que se passa.

— Minha filha, este sotaque de baiana se deve ao fato de eu pertencer à linha de trabalho dos Baianos de Umbanda.

— Ah — respondeu Isabel, fingindo que estava entendendo.

— Sei que não entendeu — respondeu a baiana — e por isso vou lhe explicar rapidamente.

A baiana incorporada em uma médium loira, de pele bem branca, olhos verdes, que mais parecia uma europeia, começou então a explicação.

— A Umbanda tem várias linhas de trabalho, que dão as consultas para as quais você e a sua filha estão aqui. Temos: os caboclos, os pretos velhos, os baianos, os marinheiros, os boiadeiros, os ciganos, os erês, a linha dos guardiões de esquerda, e em alguns terreiros outras linhas também se apresentam. Hoje você está numa gira de baianos, entendeu?

A consulta com a baiana

Nyla fez que sim com a cabeça, e Isabel sorria ao seu lado, ouvindo aquilo, como se estivesse recordando algo do seu passado.

— A médium em que eu incorporo parece que veio da Europa, não parece?

E Nyla mais uma vez fez que sim com a cabeça.

— Pois saiba que eu sou bem diferente dela — respondeu a baiana com o forte sotaque nordestino.

Nyla tentava entender o que se passava.

— Deixe-me aplicar o passe na sua filha. Sente-se aqui, menina bonita.

— Meu nome é Isabel, e o seu? — perguntou a menina à baiana.

— Meu nome é Maria Rita, às suas ordens.

— Minha mãe e eu viemos de Palmas, no Tocantins, e agora estamos morando aqui em São Paulo. Eu adoraria poder me vestir toda de branco, como os médiuns da casa, mas a minha mãe disse que só se fôssemos trabalhadores também, por isso gostaria de pedir à senhora, dona Maria Rita, para saber se podemos trabalhar aqui.

Nyla, ali ao lado, não sabia se ria ou se fingia que não tinha ouvido o que a filha acabara de pedir à baiana.

— Isabel — respondeu a baiana —, você já trabalhou em terreiro em vidas passadas, por isso se sente em casa, como está agora. Foi médium dedicada, trabalhadora assídua e séria em seus propósitos. Tem um coração

Amarração

maior do que você mesma, e está nesta vida para ajudar a sua outrora filha, agora mãe.

Isabel apenas sorriu, como se aquilo não tivesse sido novidade para ela.

Nyla precisou ser acudida pelo cambone, pois quando ouviu aquilo, quase desmaiou.

O ar como que lhe faltou, sentiu a cabeça zonza e tudo começou a girar à sua volta.

As velas que ficavam em volta da baiana, pareciam ter adquirido vida e dançavam à sua volta, à altura de sua cabeça.

A última coisa que conseguiu falar, antes de ser amparada pelo cambone, foi:

— Eu acho que vou cair — disse baixinho.

E quase caiu no chão, não fossem os braços fortes do cambone.

Como Isabel fechara os olhinhos para tomar o passe, não viu o que se passara com Nyla.

Quando a baiana pediu para Isabel abrir os olhinhos, e se retirar a fim de dar lugar à sua mãe, foi que a menina viu Nyla branca feito papel, amparada por um grupo de médiuns, que agora serviam água a ela.

— O que foi, mamãe?

Nyla então olhou para a filhinha e disse:

— Acho que foi a forte emoção, mas agora estou melhor.

A consulta com a baiana

Ajudada pelos médiuns à sua volta, Nyla se recompôs.

A baiana que assistira a tudo, pediu para que colocassem Nyla à sua frente, sentada em um banco.

— Então, como está agora? — perguntou a baiana.

— Estou melhorando, senhora.

A baiana Maria Rita então começou a ministrar passes em Nyla, que foi se refazendo.

Ao final falou:

— Você e a sua filha são médiuns. Sua filha ainda precisa crescer mais para participar do desenvolvimento mediúnico, porém, poderá vir com você, e enquanto você vai começando, ela pode brincar com as outras crianças na mesma situação que ela.

— Mas não sei se posso trabalhar aqui, baiana, sou devedora da lei — disse Nyla.

— Minha filha, neste plano em que você se encontra, todos devem à lei, uns mais, outros menos; se a espiritualidade fosse esperar chegar alguém perfeito aqui para trabalhar ajudando o próximo, nem abriríamos as portas.

— Mas cometi faltas graves, que preciso pagar ainda.

— E com certeza pagará, porém, você também tem o compromisso de ajudar ao próximo com a sua mediunidade, minha filha, por isso a estou convidando para o desenvolvimento mediúnico. Pense um pouco, reflita.

Nyla não sabia o que dizer.

Amarração

Em seu coração permanecia a ideia de reparar o mal que fizera a Acácia. Ao mesmo tempo tinha que tocar os negócios, que absorviam quase todo o seu tempo, como poderia participar ainda dos trabalhos mediúnicos?

Como conseguiria tempo para tudo isso?

Ao mesmo tempo, sentia que precisava se preparar mais para entender a espiritualidade à sua volta.

Aquele mundo novo da Umbanda despertava a sua curiosidade e queria poder abrir o véu que se fazia entre ela e o mundo espiritual.

— Vou pensar sim, baiana — disse Nyla.

Terminados os passes, a baiana pediu então que mãe e filha se retirassem, a fim de poder atender outro consulente, quando Nyla então falou:

— Baiana Maria Rita, pode confirmar meu nome no desenvolvimento mediúnico do próximo domingo. Não sei como farei com os meus horários e compromissos, porém, sinto que tudo irá se encaixar, e que vai dar certo.

A baiana abriu um grande sorriso para ela, e se despediram.

Capítulo 33

A comida acabou

Quando Nyla foi abrir o restaurante na segunda-feira, já havia pessoas na porta, coisa que nunca havia acontecido antes.

Eram os clientes antigos, acompanhados por outros novos.

— Viemos conhecer o seu restaurante. Meu colega disse que a gente pode dar sugestões no cardápio da semana seguinte, e como achei isso bacana, vim aqui para ver — disse um.

— Esteja à vontade, entre e seja bem-vindo — respondia Nyla.

E esta cena se repetiu ao longo de todo o horário da refeição.

Os clientes antigos querendo saber se as sugestões haviam sido aceitas, e os novos vindo conhecer o restaurante mais diferente da região.

Quando Osíris chegou, e viu que agora o restaurante tinha mais clientes, ficou todo feliz e sorridente.

— Nyla, deu certo! — falou ele quase a abraçando. — Veja quanta gente!

— Pois é, Osíris, estou muito feliz com isso, mas um tanto preocupada, pois não imaginava que fosse chegar

Amarração

tanta gente assim, e não sei se o prato especial será suficiente para tantas pessoas. E o pior é que não tenho ingredientes para preparar mais neste momento.

— Deixe-me pensar um pouco Nyla — disse Osíris.

E saiu cabisbaixo em direção à cozinha.

Osíris andava pelo restaurante, tão pensativo que quase esbarrou em um cliente.

Pediu desculpas, e continuou a andar pensativo.

Sentiu então uma mãozinha puxando a sua calça, era a de Isabel.

— Oi, Osíris, por que está tão triste?

— Não estou triste, Isabel, estou pensando.

— Pensando no quê, Osíris?

Ele então pegou-a no colo e, dirigindo-se para a cozinha, saiu de perto dos clientes.

— Não posso falar alto, Isabel. Estou pensando em como fazer com os clientes que ainda virão, pois não temos mais o prato especial para todos eles.

— Mas vejo tanta comida ainda, Osíris!

— A sua mãe não pensou que viesse tanta gente assim, e não preparou comida suficiente. Logo o prato especial vai acabar, e os clientes ficarão revoltados ou se sentirão enganados por anunciarmos um prato que não mais existe.

— Que tal ficarmos nós dois na porta, eu e você, para explicarmos isso aos clientes que quiserem vir fazer as

A comida acabou

suas refeições? Assim só entrarão aqueles que realmente quiserem, mas já sabendo que o prato especial acabou, hein?

— Grande ideia, Isabel. Podemos até dar a sobremesa de graça para eles, para compensar a falta do prato especial hoje, o que acha?

E assim fizeram.

Osíris não era muito bom em falar com o público, ficava acanhado, embaralhava o que ia explicar, com isso a pequena Isabel tomou a dianteira, e quando um cliente aproximava-se da porta, ela, nos braços de Osíris, era quem dava o recado.

— O prato especial que você sugeriu na semana passada acabou. Quem manda ter bom gosto, mas chegar tarde, né? Se quiser entrar, a minha mãe vai dar a sobremesa sem cobrar, para compensar.

E lá ia Isabel dizendo a todos, sempre terminando com os bracinhos abertos e com um sorriso.

Os clientes achavam uma graça os dotes artísticos de Isabel, e pensando se aquilo não seria mais uma forma de *marketing* do restaurante, entravam para ver o que estava acontecendo, acabavam fazendo as suas refeições e ganhando a sobremesa de graça, como havia sido informado.

— Nyla, preciso ir, já está na hora — disse Osíris. — Como faço? Não posso mais ficar com a Isabel aqui na porta.

— Pode deixar, mamãe, eu subo em um banquinho e continuou a avisar os clientes — disse Isabel.

Amarração

Com a ajuda de Osíris, puseram um banco daqueles altos, destinados às crianças pequenas que vão aos restaurantes — cadeirão — perto do caixa, onde entravam as pessoas, e toda vez que alguém se aproximava, a pequena Isabel repetia a mensagem do jeito que dava, e Nyla então procurava explicar o que acontecera.

Osíris precisava retornar ao serviço.

— Mas você nem fez a sua refeição, Osíris.

— Não tem problema, Nyla, ao menos espero ter ajudado.

— Osíris, você é um anjo bom na minha vida — disse Nyla, olhando para ele como nunca olhara antes.

— Só quero ajudar vocês duas — disse ele já de saída.

— Espere, Osíris — disse Nyla —, me dá o endereço do seu trabalho, assim peço para levarem uma refeição para viagem assim que for possível, afinal não posso deixar com fome aquele que tanto me ajudou.

Ele então anotou o endereço e foi embora.

Mais tarde, bateu à porta da agência de publicidade um funcionário do restaurante, com a refeição para viagem destinada a Osíris.

Ele agradeceu, quis pagar, mas o funcionário do restaurante não aceitou.

— A dona Nyla disse que é um brinde, que não é para cobrar nada.

Osíris então agradeceu e foi para a copa fazer sua refeição.

A comida acabou

Um colega passou, e olhando Osíris diz:

— Boa ideia, Osíris, estes restaurantes aqui perto ficam cheios no horário do almoço, também vou pedir comida para viagem quando tiver algum compromisso, assim já saio daqui com a refeição feita, e não perco tempo nas filas do restaurante.

Capítulo 34

O retorno do menino

A ideia da refeição para viagem acabou pegando, e Nyla teve que contratar mais funcionários, agora só para os serviços de entrega.

No dia seguinte, a comida já estava adequada à quantidade maior de pessoas, e Osíris pôde comer com tranquilidade, porém, todos queriam saber é de Isabel.

— Onde está aquela bonequinha simpática que ficava dando os recados aqui no cadeirão? — perguntavam uns.

— Cadê a estrela mirim? — questionavam outros.

Nyla estava toda feliz.

O restaurante cheio, os negócios crescendo, Nyla havia contratado mais funcionários, e a presença de Osíris junto dela dava uma segurança como ela nunca havia sentido antes.

Ele, sempre reservado, estava constantemente dando novas ideias, que acabavam trazendo grande retorno e atraíam cada vez mais clientes.

O final de semana chegou.

Era sábado, e como a maioria dos restaurantes comerciais que servem comida por quilo, o restaurante de Nyla não abria aos finais de semana.

O retorno do menino

Nyla estava muito feliz com a recuperação do restaurante, agora com um número grande de clientes, porém, exausta.

Acordou e ainda na cama ficou olhando para a pequena Isabel.

Como amava a sua filha, ou se a baiana do terreiro estivesse certa, a sua mãe em outra vida.

Seus olhos vagaram pelo pequeno quarto em que dormiam agora.

Era pequeno, mas com o movimento do restaurante, sabia que logo iria conseguir um lugar para morar com espaço amplo para criar sua filha.

Lembrou também de Osíris.

"Que coração bom!" – pensou ela. "Deve ter sido enviado mesmo pela preta velha para me ajudar, pois se não fosse ele, não sei como teria feito para recuperar o restaurante."

Levou algum tempo naqueles pensamentos.

Seu corpo doído, de tanto trabalhar, se recusava a sair da cama.

Também pudera, era uma vida dura, principalmente no início, quando não se tem muita estrutura nem funcionários para ajudar.

Apesar da cozinheira, ela precisava também ajudar a colocar a "mão na massa", de verdade.

Fazia a limpeza dos banheiros e do salão do restaurante, assim como da frente do imóvel, lavava as toalhas

Amarração

de mesa, e as suas roupas também, e com auxílio de um ajudante, deixava todas as mesas em ordem, e punha a comida no bufê.

Como não possuía carro ainda, tinha que fazer tudo de ônibus, até as compras no mercado, que depois eram entregues por um veículo alugado para isso.

Mas todo aquele esforço estava valendo a pena.

Sentia que iria vencer, que um dia teria o restaurante dos seus sonhos e aquele pensamento a incendiava de energia, dando-lhe novas forças.

Ainda pensando na sua vida, ouviu a voz de Isabel.

— Mamãe, sonhei com aquele menino novamente. Ele pedia ajuda para tirar o espelho do quarto da mãe dele. Como sempre, eu e ele fizemos toda força possível para tentar tirar o espelho de lá, porém, ele parecia pregado na base e não se mexeu.

— Foi bom você falar nisso, Isabel, os negócios do restaurante fizeram com que me esquecesse da promessa que fiz a você, de retirar este espelho, e ajudar esta pobre mulher.

— Como você vai fazer para encontrá-la, mamãe?

— Não sei, querida, preciso pensar como poderei localizá-la.

Dito isso, levantaram-se, tomaram o café da manhã e Nyla começou a fazer os serviços que precisava.

Lá pelo meio-dia serviu o almoço para Isabel, que estava mais pensativa do que antes.

O retorno do menino

— O que foi, Isabel? Está tão calada...Você costuma ser tão falante!

— É que o menino não sai da minha cabeça...

— Isabel, agora à tarde vamos ver se conseguimos encontrar ele e sua mãe, está bem? Agora coma tudo que é para ficar forte, pois vamos sair mais tarde.

— Está bem, mamãe, comerei tudo então, pode deixar.

Capítulo 35

A procura

Lá pelas três horas da tarde, Nyla e Isabel saíram para tentar encontrar Acácia e Ricardo.

A primeira ideia que Nyla teve foi de ir até a casa onde Francisco morava antes de abandonar a primeira esposa.

Precisaram pegar dois ônibus até chegarem ao local.

Chegando lá, dirigiu-se até o antigo imóvel de Francisco, e bateu à porta.

Soube então pelo inquilino do imóvel que ele não conhecia Francisco, e muito menos sabia onde Acácia poderia estar.

— O papai do menino tem o mesmo nome do meu papai, mamãe?

— Isabel, depois eu explico com mais calma, agora vamos tentar falar com outras pessoas para ver se sabem o paradeiro da mulher e do menino.

— Como sabe que eles moraram aqui, mamãe?

— Já falei, Isabel, depois eu explico com mais calma, vamos.

Foram a uma mercearia ali perto, e ninguém sabia de quem se tratava. Depois, no bar da esquina, e também nada de informações.

Dirigiram-se então no salão de cabeleireiro do bairro.

A procura

— Conhecemos a Acácia sim, era uma pessoa muito boa, vinha sempre aqui cortar os cabelos — disse uma das manicures do salão.

Nyla ficou feliz, finalmente iria conseguir o endereço, porém, a esperança durou pouco.

Continuou a manicure:

— Era muito simpática e vivia ajudando as pessoas por aqui, porém, foi ficando doente e logo depois foi abandonada pelo marido.

Nyla deu um sorriso de canto de boca, como quem não sabe o que falar.

— Ele deve ter encontrado alguma vagabunda e abandonou a esposa e o filho, como quem abandona um saco de lixo na calçada. Como pode um homem agir assim? Deve ter ido sem remorso, deixando a mulher com o filho dele desamparados. Pelo que soube, nunca mais deu notícias. Homem assim devia morrer — disse a manicure.

Nyla não conseguiu disfarçar, ficou vermelha de vergonha, até sentiu um engasgo na sua garganta.

Agora estava vendo o resultado de suas ações.

Como pudera ser tão baixa a ponto de sair destruindo uma família por causa de uma paixão?

Não imaginava que o desdobramento do que fizera pudesse causar tanto estrago.

A manicure continuou:

— Ela teve que trabalhar duro para poder manter o filho e parou de aparecer por aqui. Soubemos por uma

Amarração

freguesa nossa que iria se mudar, porém, não sabemos o endereço.

— A senhora sabe onde mora essa freguesa? Quem sabe ela saiba o novo endereço? — perguntou Nyla.

— Sei só o nome dela, mas não sei onde a freguesa mora, nem o seu telefone.

— A senhora poderia deixar anotado o meu telefone? Assim quando esta freguesa voltar, faria a gentileza de me colocar em contato por telefone com ela, pode ser?

— Está bem, anote aqui neste caderno, nele anotamos os horários das clientes, assim não perderei o seu telefone.

Saíram então do salão de beleza.

Nyla estava visivelmente preocupada e nada falava.

Segurava a emoção, e o arrependimento novamente rasgava o seu coração, como um frio punhal.

Chegando ao ponto de ônibus, para poderem retornar para casa, Isabel falou.

— Mamãe, por que está tão triste?

Nyla não conseguiu mais conter a emoção, e abraçando Isabel no colo, começou a chorar baixinho.

As pessoas começaram a olhar, para saber o que estava acontecendo, e ela tentando disfarçar o que podia.

Isabel, que estava em seus braços, afagou-lhe os cabelos e falou:

— Mamãe, não fique assim! Nós vamos encontrar a mulher e vamos tirar aquele espelho de lá, não precisa

A procura

chorar por isso, afinal já conseguimos saber que alguém tem o endereço dela, agora é só esperar.

Com as palavras de Isabel, Nyla recebeu uma injeção de energia.

Abraçou a filha com muito carinho, disse:

— Você é o anjo bom da minha vida, Isabel.

— E o outro anjo bom é o Osíris, não é, mamãe?

Nyla então sorriu, apoiando Isabel no chão, enxugou as lágrimas e desconversou.

— O ônibus já deve estar chegando, vamos ficar atentas, pois, se perdermos este, o próximo vai demorar muito, e quero voltar para casa antes que escureça.

Capítulo 36

O menino faz contato

Chegaram em casa mais tarde do que previam.

O ônibus atrasou em função da forte chuva que caiu no meio do trajeto, e demoraram quase o dobro do tempo para voltar.

Sentindo o cansaço de tanta emoção, Nyla serviu um lanche para as duas, que saíram dali para dormir no quartinho do restaurante.

Aquela noite choveu muito e os trovões rasgavam o céu com os seus estampidos.

Nyla às vezes acordava com o barulho, até que finalmente a chuva amainou, e os trovões também.

Era domingo, e Isabel acordara antes que Nyla.

A menina pegou então a sua boneca, e começou a cantar uma cantiga de ninar.

Depois de algum tempo, Nyla acordou.

— Bom dia, Isabel.

Olhando para o despertador continuou a falar:

— Nossa, como dormi! Bem que estava precisando. O que estava cantando, minha filha?

— Era uma cantiga que a vizinha cantava para eu dormir, quando ficava com ela para você poder trabalhar lá em Palmas.

O menino faz contato

— Que interessante, era esta cantiga também que a minha mãe cantava para eu dormir.

Sorrindo para a filha, continuou.

— Sabe, Isabel, estou me sentindo melhor depois que tentamos encontrar a mãe do seu amiguinho. Tenho certeza de que conseguiremos o endereço deles, e ajudaremos os dois.

— Também tenho, mamãe.

E abraçando a mãe, disse:

— Essa noite, o menino apareceu novamente em sonho. Disse que estava feliz por nós duas estarmos procurando ajudá-lo.

Nyla arregalava os olhos, enquanto ouvia o relato de Isabel.

— Ele disse também que vai nos ajudar a acharmos ele e a mãe dele.

— Que bom, Isabel! Isso é tudo o que quero na vida.

O desenvolvimento mediúnico

Depois de arrumar mais algumas partes do restaurante, preparando-o para abrir na segunda-feira, Nyla chamou Isabel, que brincava sozinha de boneca pelo salão onde eram servidas as refeições.

— Venha almoçar, Isabel.

— Mamãe, hoje não é domingo?

Amarração

— É sim, filha.

— E hoje não é o dia de começarmos no terreiro?

— Sim, seria o dia para eu começar no desenvolvimento mediúnico, porém, não sei se devo.

— Deve o quê, mamãe?

— Se devo ir ou não...

— E por que não iria, mamãe?

— Sinto um peso nas minhas costas, estou cansada do trabalho aqui no restaurante e não me sinto digna de começar um trabalho assim tão elevado. Como posso ajudar os outros, se preciso de ajuda?

— Quando a gente ajuda, também é ajudado, mamãe.

— Isabel, alguém deve ter cochichado nos seus ouvidos. Às vezes não acredito que uma menina tão pequenina possa falar e dar conselhos assim tão elevados por si só.

As duas riram e foram almoçar.

Quando terminaram, Isabel então falou:

— Mamãe, hoje vou poder ir toda de branco, como aquela menina que vi na semana passada no terreiro?

— Ainda não, minha filha, hoje é o nosso primeiro dia, e vou precisar que você fique quietinha, brincando com as amiguinhas de lá, para que a mamãe possa aprender as coisas. Afinal você sabe mais do que eu, e não vai se importar muito de esperar a sua mãe dar os primeiros passos na Umbanda, não é, Isabel?

— Você vai ficar muito bonita toda de branco, usando aquelas guias compridas da Umbanda, mamãe.

O menino faz contato

— Você também, Isabel, vai ser a menor umbandista do mundo. Ande e se arrume logo para podermos sair.

As duas riram e foram se vestir.

Capítulo 37

As novas médiuns

À altura em que se aproximavam da porta do terreiro, viram os vários médiuns aguardando a abertura do local.

Alguns já estavam com o uniforme do terreiro, e outros vinham com a roupa normal, para se trocarem nos vestiários.

Assim que Isabel encontrou a menina que vira toda trajada com o uniforme do terreiro, ali também aguardando a abertura da porta, puxou Nyla pelo braço.

— Vamos mãe, preciso falar com ela.

— Ela quem, minha filha?

— A menina de branco, mamãe — disse já arrastando Nyla para perto da coleguinha.

Chegando junto ao casal que segurava a filha pelos braços, Nyla cumprimentou a mãe e o pai da criança.

— Hoje é o nosso primeiro dia. Minha filha ficou fascinada quando viu a sua no terreiro na gira passada. Desde então ela só fala em vestir o uniforme branco do terreiro, e de usar as guias de Umbanda ao redor do pescoço.

— Temos certeza de que irão gostar. O primeiro dia é o mais delicado, pois tudo é novidade e a gente fica morrendo de medo de fazer algo errado — disse a mãe da menina.

As novas médiuns

— Estou apreensiva — disse Nyla —, espero não cometer erros.

O pai da criança então falou:

— Se pensar em não cometer erros, só vai cometê-los, pois será isso o que estará em seu coração. Procure se abrir para o novo, irradiando seu amor para todos, e assim tudo sairá bem.

Logo em seguida a mãe da menina tomou a palavra.

— O pessoal aqui é muito unido, você vai gostar. Meu nome é Rita, e o seu?

— Meu nome é Nyla e essa é a Isabel.

— Nyla, que nome diferente.

— É o nome de uma princesa do Egito, dado pelo faraó, seu pai, em homenagem ao rio Nilo, que corta o Egito.

— Que interessante — disse Rita. — Deixe-me apresentar o meu marido Vicente e a pequena Kika.

— Muito prazer — disse Nyla.

A porta foi aberta, e os médiuns então começaram a entrar.

Rita disse a Nyla:

— Venha que vou apresentá-la aos nossos sacerdotes, Mãe Antônia e Pai Jair.

Kika e Isabel, já de mãos dadas, correram na frente dos adultos, e entraram juntas para dentro do terreiro.

Acompanhados por Nyla, Rita e Vicente beijaram o Pai Jair, e apresentaram Nyla ao sacerdote.

Amarração

— Seja bem-vinda a esta casa de orações — disse o pai de santo.

— Muito obrigada — respondeu ela.

— Pai, é a primeira vez que ela vem para o desenvolvimento mediúnico e está apreensiva — disse Rita ao sacerdote.

O pai de santo então dirigiu-se a Nyla.

— Não se preocupe, minha filha, entre que vou apresentá-la a Mãe Antônia.

Nyla entrou, ainda cheia de hesitação.

Lá dentro Kika já apresentava Isabel a Mãe Antônia.

— É a primeira vez que ela vem aqui, Mãe Antônia — disse Kika. — A mãe dela ficou conversando com os meus pais, e está morrendo de medo de começar a trabalhar aqui no terreiro.

Mãe Antônia sorriu.

Os trabalhadores entravam no terreiro, e iam cumprimentar Mãe Antônia com um beijo.

Chegou a vez de Nyla.

— Seja bem-vinda, Nyla, a esta humilde casa de orações. Apesar de termos estudado juntas e de nos conhecermos de há muito, aqui dentro não sou a Toninha de outrora, e sim Mãe Antônia, sacerdote deste terreiro, junto com o meu marido Pai Jair, que você já conheceu na porta. Nós aqui nos cumprimentamos por um beijo no rosto, como deve ter visto.

As novas médiuns

E elas se beijaram.

— Daqui por diante, sou a responsável por levar você ao contato com a espiritualidade maior, nesta rica religião, a Umbanda — disse Mãe Antônia.

Dirigindo-se a uma trabalhadora, Mãe Antônia falou:

— Mãe pequena Sofia, poderia levar a nossa irmã Nyla ao vestiário, e depois mostrar os assentamentos do terreiro?

— Pode deixar, Mãe Antônia — respondeu Sofia. — Seja bem-vinda, Nyla.

— Muito obrigada. Como vocês são hospitaleiros aqui!

— A nossa lei é o amor, Nyla — respondeu Mãe Antônia, que logo após saiu para fazer outras atividades no terreiro.

Capítulo 38

A Mãe pequena

A Mãe pequena sorriu e respondeu:

— Somos todos irmãos, Nyla, e irmãos têm que se tratar bem.

— Eu ouvi a Mãe Antônia tratar você por Mãe pequena, o que é isso?

— Mãe e Pai pequenos é como são chamados os médiuns de extrema confiança dos sacerdotes da casa, que aqui são Mãe Antônia e Pai Jair. Quando eles não estão por perto, e surge a necessidade de se tomar alguma decisão, as Mães e Pais pequenos assumem o comando do terreiro, no lugar dos sacerdotes

— Quanta confiança eles têm em você, Mãe pequena Sofia!

— Procuro me dedicar bastante, e corresponder à confiança depositada em mim ao longo dos anos, Nyla. Para mim, a Umbanda é um mundo totalmente novo, espero aprender tudo logo.

— Quando entrei na Umbanda, também pensava assim. A Mãe Antônia e o Pai Jair ministram cursos sobre a Umbanda, o que ajuda muito a desvendarmos o véu que cobre esta religião cheia de mistérios e magia. Mas até empregarmos os ensinamentos nos trabalhos práticos, vai algum tempo de maturação. Por isso é preciso ter

A Mãe pequena

fome de saber, mas também ter consciência de que para tudo há um período de maturação.

— Mais uma vez agradeço a sua atenção, Mãe pequena Sofia.

E Nyla entrou no vestiário mais para conhecê-lo do que para se trocar, visto que não tinha ainda o uniforme do terreiro.

Lá nos vestiário estavam duas médiuns se aprontando para a gira.

— Boa tarde, meu nome é Nyla, hoje é meu primeiro dia.

— Seja bem-vinda a esta casa — responderam as médiuns. — É melhor não demorar muito, pois a gira começa daqui a pouco.

— É seguro deixar os pertences aqui no vestiário? — perguntou Nyla a uma delas.

— Mais seguro do que cofre de banco! Afinal, quem faria mal a um irmão de santo, dentro de um terreiro de Umbanda? Só se fosse louco da cabeça, e não tivesse amor a si mesmo — disseram rindo, ao mesmo em que se diri-giram à porta de saída do vestiário.

— Por que vocês disseram amor a si mesmo? —per-guntou Nyla.

— Porque os guardiões Exus, Pombagiras, Exus mirins e Pombagiras mirins estão guardando o terreiro por toda parte, e quando não podem resolver alguma coisa, contam a Mãe Antônia, que fica sabendo de tudo, mais dia, menos dia — respondeu uma delas.

Amarração

— Não há nada que se faça aqui dentro do terreiro que Mãe Antônia não tome conhecimento — disse a outra.

— Por isso, quem abusar da confiança de um irmão aqui dentro, será logo descoberto, e dependendo da gravidade do que tenha feito, poderá até ser convidado a se retirar, depois de ter pagado o mal que fez — falou a outra.

— Quer dizer que aqui é uma espécie de olho por olho, dente por dente? — perguntou Nyla.

— Não, aqui aprendemos que, por amor aos nossos próximos, precisamos respeitar a todos, para sermos respeitados também, e por isso precisamos tratar os nossos próximos como gostaríamos de ser tratados, respeitando os limites dos outros. Aprendemos a não abusar da confiança de nossos irmãos. E se por um deslize um erro é cometido, ele precisa ser reparado, pois só assim nós poderemos perdoar a nós mesmos.

Nyla sentiu como que um murro na boca do estômago, com aquelas palavras.

Ela havia errado tanto, destruído uma família para "amarrar" o marido da outra, e agora o marido que fora amarrado à força, por feitiçaria, estava desencarnado, e a primeira esposa dele num leito doente, com um filho para criar sozinha, por causa de um feitiço encomendado por ela, fruto de sua mente insana e apaixonada na época.

Tornou a médium, olhando nos olhos de Nyla:

— Pai Ogum prende, entrega para Pai Xangô julgar, mas quem nos pune somos nós mesmos. O homem pode

166

A Mãe pequena

escapar da justiça dos homens, mas nunca escapará da Justiça Divina.

Nyla disfarçando o mal-estar que sentia, sorriu um sorriso forçado e disse:

— É, tenho que aprender muito por aqui.

— Apresse-se, pois daqui a pouco vai começar a gira.

Capítulo 39

A cura

De súbito, Isabel entra no vestiário, acompanhada de Kika e Giovana, suas novas amiguinhas.

Eram todas quase da mesma idade, e dava a impressão de se conhecerem de há muito.

— Mamãe, estão chamando você para "fazer a cura".

"O que será isso?" pensou Isabel.

— Tenho muito mesmo a aprender — falou baixinho, e apressou-se para descer.

Avistando Mãe Antônia, tentou falar com ela, mas eram tantos os médiuns que também queriam falar com a mãe de santo, que se formara uma fila ante a sacerdote.

Avistando a Mãe pequena Sofia, Nyla dirigiu-se a ela.

— Como não tenho o uniforme do terreiro, vim hoje com a roupa mais clara que tinha, assim como Isabel.

— Hoje você fica assistindo aos trabalhos, para ver como é, e se sente afinidade com o terreiro. Caso sinta que seja mesmo aqui a sua casa, você fala comigo, a fim de providenciarmos os uniformes e os seus primeiros colares de guia de Umbanda.

— Mãe pequena, disseram que era para eu vir fazer a cura, o que é isso?

A cura

— A cura é como chamamos aqui um tipo de passe que os trabalhadores recebem, antes de iniciarmos os trabalhos, a fim de se purificarem. O médium precisa estar bem para poder ajudar ao seu próximo, mas algumas vezes quando chega aqui para começar a trabalhar está carregado de quiumbas, por isso precisa ser descarregado destas entidades.

— O que são quiumbas, Mãe pequena? Já ouvi uma explicação sobre eles, mas não me lembro agora.

— Quiumbas são espíritos desencarnados, que sabem da sua condição, e se aproveitam da invisibilidade deste estado para praticarem o mal. Às vezes para ajustar contas, numa espécie de vingança desta vida, ou de vidas passadas, e às vezes para praticar o mal pelo mal, aproveitando-se de nossas imperfeições e falta de vigilância.

A Mãe pequena então, vendo que vagara um banquinho da cura, pediu a Nyla para se sentar lá.

Ela foi, sentou-se, e começou a receber o passe.

Enquanto a "cura" era feita, ela fechou os olhos a fim de se concentrar melhor, quando começou a ouvir vozes que vinham de sua mente.

— Assassina, feiticeira, destruidora de lares. Pensa que vai sair dessa impunemente, sua vagabunda?

Nyla abriu então os olhos, olhou para os lados, para ver se alguém estava falando com ela, tamanha era a nitidez da voz que ouvira, porém, todos estavam em silêncio à sua volta.

Amarração

Ela fechou então os olhos novamente.

E de novo ouviu vozes.

— Quer se sentir como o seu marido amarrado se sentiu durante toda a sua amarração, sua desgraçada? Então sinta!

Neste momento, Nyla pensou que fosse desmaiar.

Sentiu uma dor forte no peito, a cabeça começou a girar, e parecia que ela não tinha mais vontade de fazer nada. Sentia-se uma morta-viva.

Ouviu então o médium que ministrava os passes gritar:

— Preciso de um descarrego aqui urgente!

Depois disso, lembra-se de estarem levantando-a do chão.

Ainda tremia, e agora suava por todo o corpo.

Um cambone veio trazer-lhe um copo d'água, que ela bebeu com enorme sede.

— Você está melhor? — perguntou a voz amiga da Mãe Antônia.

— Acho que sim — respondeu ela.

— Então continue o passe — disse Mãe Antônia, dirigindo-se ao médium que atendia Nyla.

Terminada a "cura", ela ainda estava visivelmente abalada com o que ocorrera.

Sentou-se no chão, próximo a Mãe Antônia, como que pedindo a sua proteção.

A cura

Depois de resolver uma série de problemas no terreiro, e de atender um a um os que foram procurá-la, Mãe Antônia pediu para Nyla se levantar.

— Minha filha, mais adiante vou comentar o que houve, pois neste momento precisamos iniciar os trabalhos.

Assim falando, dirigiu-se para a curimba, quando começaram a rufar os atabaques, e todos foram para as suas posições.

Depois dos vários pontos cantados para a abertura da gira, Mãe Antônia e Pai Jair, sentaram-se em um dos poucos degraus que levavam ao congá.

Ali, neste momento, com os seus filhos de santo atentos, Mãe Antônia tomou a palavra.

— Hoje temos a presença de uma nova filha de santo, Nyla, para quem peço uma salva de palmas, e a sua filha Isabel.

Todos aplaudiram a nova irmã e sua filhinha.

Capítulo 40

O carma

Mãe Antônia então continuou.

— A Umbanda é uma grande escola, onde aprenderemos com os seus segredos e mistérios até o final de nossos dias. É um processo de aprendizado que não tem fim, assim como a nossa vida. Façam cursos, leiam, mas sobretudo, usem sempre o que aprenderam para o bem, e para a ajuda ao próximo.

Todos os filhos estavam prestando atenção.

— O crescimento da Umbanda é na horizontal, não na vertical. Nas várias outras religiões, há a figura de um dirigente máximo, de um órgão máximo, e abaixo dele as várias ramificações, subordinadas a este poder central.

E olhando a todos, continuou.

— A Umbanda foi tão perseguida no passado, com a polícia fechando terreiros e prendendo os que lá estavam, que se criou uma estrutura sem poderes centrais, totalmente descentralizada.

Com isso, os terreiros são abertos, associam-se nas mais variadas associações, porém, nenhuma tem autoridade sobre a outra. Nossos superiores não são os presidentes das associações, os homens, mas o nosso Criador Olorum, os sagrados Pais e Mães Orixás, também chamados Voduns ou Inquices, e os nossos guias de lei da direita e da esquerda.

O carma

Nyla ouvia tudo aquilo com enorme curiosidade, enquanto Isabel e suas duas novas amiguinhas brincavam no vestiário de fazer desenhos coloridos em papéis.

— Caso algum filho aqui receba a missão de abrir um terreiro, ele não ficará subordinado a mim ou ao Pai Jair, nem a qualquer membro desta casa, ou mesmo da associação da qual participamos; ficará subordinado aos seus guias e aos sagrados Pais e Mães Orixás.

E inspirada continuou:

— Nosso compromisso deve ser sempre com o Alto, com a espiritualidade maior, com o amor divino, pois se a fé é a nossa bússola, o amor incondicional deve ser o nosso destino.

O silêncio era total no terreiro, e Mãe Antônia prosseguiu.

— A magia religiosa ensinada pelos nossos guias espirituais de Umbanda deve ser sempre empregada para o bem, para a ajuda aos seus semelhantes, para salvar vidas, para trazer alento aos que estão com os seus corações despedaçados.

O coração de Nyla começou a apertar.

— Quem usa a magia religiosa de Umbanda para o mal, para interesses mesquinhos, a troco de favores, de bens materiais ou mesmo dinheiro, troca o Alto por coisas materiais, troca o poder da divindade, pelo objeto de sua cobiça, e com isso cai. Cai, pois se curva a esses favores, a esses bens materiais, e tentando usar o Alto para atingir

Amarração

os seus objetivos, torna-se um devedor da Lei Maior e da Justiça Divina.

Nyla foi ficando engasgada.

E a sacerdote continuou:

— Torna-se um mago negro, um feiticeiro, um filho caído, e como tal, a Lei Maior e a Justiça Divina vêm ajustar suas contas, mais dia menos dia.

Os olhos de Nyla começaram a ficar cheios de lágrimas, e o remorso invadiu todo o seu ser.

Nyla olhava para a Mãe Antônia, e quanto mais olhava, mais sentia que não era mais a sua antiga amiga dos bancos escolares quem estava naquele corpo, mas sim uma pessoa com grande espiritualidade, sentada humildemente em um degrau da pequena escada que dava acesso ao congá, o altar do terreiro.

Mãe Antônia então prosseguiu.

— Carma é um termo do Oriente, para designar que tudo o que fazemos volta para nós, seja desta vida, ou de vida passadas. Se fizermos o bem, colheremos o bem, e o contrário também se dá. Jesus explicou melhor, quando disse que colhemos o que plantamos.

"Na Umbanda não acreditamos em penas eternas, mas sim que o carma possa ser sublimado. E o que é isso?"

Mãe Antônia lançara a pergunta a todos.

Vários médiuns mais experientes poderiam responder àquela pergunta, mas não o fizeram, pois sabiam que a sacerdote iria trazer-lhes ainda mais de sua sabedoria.

O carma

— Sublimar meus filhos, é antecipar-se ao pagamento da dívida antes da sua cobrança, antes da sua quitação. E como sublimar um carma?

Todos continuaram em silêncio.

— Uma das melhores maneiras, meus filhos, é ajudando ao próximo, como fazemos aqui, e em todas as demais igrejas e religiões. Quanto mais ajudarmos, mais ajuda do Alto recebemos, e assim podemos ir queimando os carmas que nos prendem ao passado, e qual aves libertas poderemos bater as nossas asas no voo de liberdade em direção ao infinito céu azul.

Nyla já não sabia que sentimentos se passavam dentro de seu ser.

Sentia vergonha pelo que fizera, estava arrependida, seu coração sangrava de culpa, mas ante aquelas explicações de Mãe Antônia, sentia um jorro de luz na escuridão que se transformara sua vida.

Aquilo que acabara de ouvir poderia ser a sua redenção.

Iria ajudar ao próximo sim, pois queria se livrar da culpa e do remorso que a perseguiam a todos os instantes.

Capítulo 41

O código de Hamurábi[23]

E Mãe Antônia prosseguiu:

— Em um dos mais antigos conjuntos de leis da humanidade, o código de Hamurábi, um pedaço de pedra em forma de monólito, no qual foram entalhadas várias leis, encontra-se a lei de talião: a do olho por olho, dente por dente.

Nisso, as duas médiuns que estavam no vestiário quando Nyla fez a pergunta se ali era tudo olho por olho e dente por dente, discretamente viraram-se de costas e olharam para ela.

Nyla não sabia para onde olhar, de tanta vergonha.

"Que lugar era aquele, em que a Mãe de santo parecia saber o que se passava em todo o lugar, sem ao menos estar por perto? — pensava Nyla. "Será que as duas médiuns teriam contado para a Mãe de santo sobre a conversa no vestiário? Mas se tivessem falado, elas não teriam se virado de costas para olhá-la daquele jeito, certamente não" pensava Nyla.

Mãe Antônia continuou:

— A lei de talião é o carma cumprindo-se por si só, como uma espada penetrando em nossas cabeças. Mas como

---

[25] N.E.: Rei da Babilônia (1793-1750 a.C.). Fundador do primeiro império babilônico, fez redigir uma compilação de casos de jurisprudência — o Código de Hamurábi.

O código de Hamurábi

ensina a Umbanda, podemos alterá-la, sublimá-la, desde que nos disponhamos a nos modificar interiormente, nos tornando pessoas melhores para nós e para os nossos próximos, e como já falei, nos disponhamos a ajudar aos nossos próximos, para ajudar a nós mesmos.

Nyla ouvia atentamente, bebendo daquelas palavras, em uma taça de intensa sabedoria.

E a sacerdote continuou.

— Disse Mahatma Gandhi: "quem não vive para servir, não serve para viver".

Olhando com muita doçura, a sacerdote agradeceu a todos por a terem ouvido, e pediu para que ficassem em pé para o início dos trabalhos de desenvolvimento mediúnico.

Pai Jair reuniu o grupo de médiuns novos para dar algumas explicações.

Disse que o desenvolvimento mediúnico se fazia diferentemente para cada um.

Uns dariam manifestação antes de outros, pois cada um é diferente do outro. Porém, isso não queria dizer que um era melhor que o outro, queria dizer que cada um tem o seu tempo.

Explicou também que naquela casa, os sacerdotes — ele e Mãe Antônia — deixam que o desenvolvimento mediúnico se dê naturalmente, e não o forçam, mas que isso variava de terreiro para terreiro, e que não há certo nem errado, apenas é um posicionamento de cada sacerdote de Umbanda.

Amarração

Nyla, sentada em um banco próximo, a tudo ouvia e observava.

Pai Antônio chamou-a.

— Você não gostaria de participar, Nyla?

— Hoje não, Pai Antônio, prefiro observar um pouco mais.

Começou então o desenvolvimento.

Em princípio, Nyla ficou um pouco assustada com os médiuns novatos dando os primeiros passos para a incorporação mediúnica, outros desenvolvendo a vidência, e várias outras mediunidades se manifestando.

Depois de algum tempo ela já estava mais habituada ao convívio com o não físico, e começou a ficar mais serena.

Mãe Antônia, que parecia saber tudo por ali, chamou Nyla de canto.

— Você queria fazer uma pergunta para mim logo após a "cura", lembra-se?

— Ah, sim, Mãe Antônia, mas agora nem lembro direito.

— Não seriam as vozes?

— Ah, sim, antes de quase ficar sem sentidos, ouvi vozes. Partiam de várias pessoas que me ofendiam, e depois me deram uma espécie de choque e aí fiquei como uma morta-viva. O que era aquilo, Mãe Antônia?

O código de Hamurábi

— Desincorporada não sei precisar. Quando se iniciarem os trabalhos, peça para passar com a minha preta velha, Mãe Maria d'Além-Mar, quem sabe ela possa revelar a você.

O desenvolvimento mediúnico terminou e os médiuns aproveitaram o intervalo para fazerem um lanche, antes da gira de atendimento.

Isabel e as meninas brincavam tanto que estavam com as bochechas vermelhas. Parecia que ela conhecia as coleguinhas há muito tempo.

Nyla aproveitou o intervalo para oferecer um lanche à filha, que estava tão entretida na brincadeira que nem queria comer nada.

— Vamos, Isabel, você precisa comer para ficar forte.

— Está bem, mamãe, pode deixar aqui de lado que logo eu como.

— Coma agora, Isabel, vou ficar aqui até você comer tudo.

— Nisso, a Mãe pequena Sofia chegou trazendo o lanche de Giovana, e a mãe de Kika também com outro lanche na mão.

— Parece que vocês têm algo em comum — falou a Mãe pequena Sofia, sorrindo para as três crianças que brincavam juntas.

Capítulo 42

Vestindo branco

Aproveitando a ocasião, Nyla perguntou:

— Mãe pequena Sofia, sinto que esta aqui é a casa para o meu desenvolvimento espiritual, por isso gostaria de saber como faço para encomendar o uniforme do terreiro para mim e para Isabel.

Quando Isabel ouviu aquilo, parou de brincar, ficou em pé, e com os dois bracinhos levantados, gritou:

— Oba!

E começou a pular em volta de Nyla.

— Fico contente que tenha gostado daqui — disse Sofia. — Saiba que será preciso persistência para continuar no terreiro. Sei que não é o seu caso, mas já vi muito médium vir aqui, ficar um período, e depois sair.

— Mas saíram por quê?

— Uns disseram que não se afinizaram com a casa, e que iriam procurar um lugar mais afim com eles. Outros acabam sentindo saudade dos seus afazeres mundanos, e acabaram deixando a religião de lado, e outros por pressão de seus maridos ou esposas — disse a Mãe pequena Sofia.

Nisso Isabel que ouvia tudo disse:

— Nós não, né, mamãe? Vamos ficar até o fim, né, mamãe?

Vestindo branco

— Não tem fim, Isabel, é sempre um recomeço — brincou a Mãe pequena Sofia.

E continuou.

— A disciplina aqui é muito rígida, nem todo mundo está acostumado. A Mãe Antônia não permite que se falte a mais de uma gira por mês. Ela diz que a maioria vem aqui pela dor, e só quem está com dor sabe o quanto dói. Assim, precisa de médiuns dispostos a ajudar em todas as giras, pois não pode se dar ao luxo de abrir os portões para atender aos assistidos, sem ter médiuns suficientes para atender nas consultas.

— E ela tem razão — disse Nyla.

— Tem sim, pois as filas ficam cada dia maiores. Precisamos de trabalhadores dedicados, com quem possamos contar, e não de médiuns que venham para cá quando não tem mais nada a fazer em suas vidas, como se aqui fosse um passatempo — disse a Mãe pequena.

Isabel então entrou na conversa:

— Mãe, pede para fazer os colares de guia de Umbanda também! Quero ficar que nem a Giovana e a Kika, toda cheia destes colares de baiana!

As três mães riram.

— Vamos providenciar os colares de guia de Umbanda sim, para você e para a sua mãe, porém, serão os de iniciantes. À altura em que forem se desenvolvendo, aí poderão ter outros — falou Sofia.

— Como assim? — perguntou Nyla.

Amarração

— O uso dos colares de guia varia de terreiro para terreiro. Aqui, os iniciantes como vocês, usam um para a esquerda, e dois para a direita, sendo um para Pai Oxalá, e outro de filhos da casa.

— O que é direita e esquerda, Mãe pequena?

— Nyla, você precisará estudar bastante aqui, pois há muito a aprender, mas, bem resumidamente, temos à nossa esquerda os nossos guardiões Exus, Pombagiras, Exus mirins e Pombagiras mirins, que nos protegem dos quiumbas e de toda as adversidades enviadas pelo plano inferior. Como eles chegam rindo alto e têm hábitos peculiares, muitas pessoas, por ignorância, dizem que eles são seres das trevas.

E Isabel se meteu.

— Como assim?

— Os Exus, Pombagiras, Exus mirins e Pombagiras mirins são os guardiões dos Umbrais. Eles guardam as trevas, daí terem hábitos peculiares, para poderem conviver em ambiente tão hostil. São seres da luz, guardando as trevas, assim como os agentes penitenciários guardam os presos nas prisões, para que os presos não saiam antes de cumprirem suas penas.

— Umbral? — perguntou Isabel.

— Na Umbanda não acreditamos nos infernos de penas eternas, em que os endividados da Lei Maior e da Justiça Divina ficam lá por toda a eternidade. Assim como no Kardecismo, acreditamos que estes espíritos ficarão em zonas vibratórias inferiores, sofrendo a vibração densa

Vestindo branco

daqueles lugares, até clamarem pelo arrependimento de seus atos, e o perdão das suas faltas, e não eternamente. A estes lugares chamamos Umbrais.

Nyla então falou:

— Há muito a aprender.

— E muitos, sem saber nada, atacam a nossa religião, dizendo que Exu é o capeta, satanás, e outros absurdos. Dizem também outras bobagens, como, por exemplo, que Pombagira é prostituta, e que Exu mirim e Pombagira mirim foram menores infratores que morreram. Quanta bobagem! Como podem achar e falar coisas de que não sabem, e daí tirar conclusões e passar a jogar pedras em nossa religião?

— É, há muito desconhecimento mesmo — disse a mãe de Kika.

— E em vez de estudarem um pouco da nossa religião, saem nos denegrindo por aí. Há irmãos que se desvirtuam? Claro que há, em todas as religiões vamos encontrar sacerdotes que seguiram por caminhos tortos. Não podem é nos tomar por feiticeiros que prometem trazer o amor da vida no laço, fazendo "amarração". Não podem tomar a exceção pela regra. Na religião deles também há sacerdotes caídos — disse inflamada a Mãe pequena.

Quando ouviu falar em "amarração", Nyla baixou os olhos.

Era o peso na consciência.

Amarração

— Vamos, meninas, precisamos nos preparar, pois a gira vai começar, e estamos lotados de assistidos hoje — disse a Mãe pequena ao grupo.

Capítulo 43

A cambone

Os trabalhos tiveram início.

Enquanto o Pai Jair fazia a preleção, Nyla olhava tudo aquilo como se estivesse dentro de uma bolha de sabão.

Passava a ver as coisas com outros olhos.

Quanta coisa ainda por saber, quanto tempo precisaria levar para ela adquirir o conhecimento da Mãe pequena Sofia!

Agora admirava ainda mais a Toninha, ou melhor, Mãe Antônia.

Quanta sabedoria, quanta dedicação, quanto esforço de todos os trabalhadores para manter aquela casa de oração!

Quanta luta travada com os que se lançavam contra os terreiros de Umbanda, encarnados e desencarnados!

Agora admirava ainda mais a Umbanda, essa religião tão desconhecida, tão combatida, mas ao mesmo tempo tão corajosa por se manter sempre de pé, apesar dos ataques por todos os lados, procurando ajudar aos seus próximos com toda a força religiosa.

Chamada para o início dos trabalhos, Nyla despertou de seus sonhos e pensamentos.

Os atabaques começaram a rufar e a gira foi iniciada.

Amarração

Deu-se o intervalo para os médiuns se prepararem a fim de receber a incorporação de seus guias de trabalho, que dariam a consulta aos assistidos.

Nyla ficou junto a uma cambone, para ser treinada nesta função.

— Estou nervosa, não sei nada por aqui — disse Nyla. — Qual é o seu nome?

— Meu nome é Inaê, em homenagem a Iemanjá, a Orixá da geração, do mar.

— Seja bem-vinda, Nyla, também sou nova por aqui.

— Qual é a função do cambone, Inaê?

— Somos uma espécie de secretária do guia que dá a consulta, providenciando tudo o que ele pedir, como velas, incensos, e o que mais precisar. Também anotamos as orientações que os guias passam para os assistidos. Trazemos os assistidos da porteira até os guias, para que não se percam por aí, já que há tantos médiuns dando consulta. Providenciamos também a chamada dos médiuns do descarrego, quando assim requisitado pelo guia da consulta.

— Puxa, quanta coisa! Será que darei conta?

— Não se afobe, Nyla. O primeiro dia é assim mesmo. Por mais que saibamos sobre Umbanda, há sempre uma enorme carga de informações que recebemos, e a gente se sente pequenininho, como um peixe fora d'água. Mas com o passar do tempo, com os livros que vamos lendo, com os cursos, e com o dia a dia, a gente vai tomando confiança e vai em frente.

A cambone

— Assim espero, Inaê.

— Uma outra coisa, Nyla, como cambones acabamos escutando as consultas, por isso é muito importante que tudo o que for ouvido aqui, morra aqui, está bem?

— Sim, está.

— Nosso ofício é como o de um padre que ouve as confissões, e por dever de sacerdócio não pode revelá-las a ninguém. Assim, nada de comentar com quem quer que seja o que se passou aqui. Nem com o marido, nem com a filha, com ninguém. Tudo o que ouvir deve guardar para si, usar o que for possível para não cair nos mesmos erros, aprender com as experiências dos irmãos que passarem em consulta, e se calar.

— Pode deixar, Inaê.

— Outra coisa, nunca se meta na conversa entre o guia e o consulente. É preciso muita disciplina aqui dentro. Trabalhamos com cada coisa que você nem imagina!

— Vou seguir o que você me falou, Inaê.

Capítulo 44

A consulta da apaixonada

O guia incorpora e cumprimenta Inaê e Nyla.

— Hoje tenho duas cambones — disse o preto velho Pai Oliveirina, sorrindo. — Vamos ao trabalho, podem chamar os consulentes.

E lá se foi Inaê, seguida por Nyla, para trazerem o primeiro consulente da noite.

Nyla tentava nem ouvir a consulta, mas não dava.

O terreiro estava cheio, e era um preto velho ou preta velha perto do outro, de forma que era inevitável ouvir o que se falava.

Era uma moça.

— Sei que o que vou pedir ao preto velho não é muito certo, mas estou apaixonada pelo meu patrão e o quero para mim. Tenho feito de tudo para ele se interessar por mim, mas ele só tem interesse profissional por mim.

— Você sabe que ele é casado, filha?

— Sei sim, mas é por isso que vim aqui. Na Umbanda vocês podem tudo, por isso queria que "amarrassem" ele para mim. Quero ele de qualquer jeito, estou apaixonada por ele.

Nyla sentiu vontade de gritar, de dizer que não fizesse aquilo.

A consulta da apaixonada

Tinha desejo de falar do seu próprio exemplo, amargurada pela dor, e pelo sofrimento que provocara a todos com a "amarração" que fizera.

Mas lembrou-se do que falara Inaê e calou-se. Em seu coração pedia para a moça não seguir por aquele caminho, que só lhe traria desgraça, como a ela própria.

— Você sabe o que *tá* pedindo, filha?

A moça ficou meio embaraçada e disse:

— Sei sim, preto velho, estou apaixonada, e disposta a tudo para passar os restos dos meus dias ao lado do meu patrão.

— Você sabe que para fazer "amarração" será preciso tirar toda a vontade dele antes, filha? E que aí, quando ele for direcionado para você, você vai ter um morto-vivo ao seu lado pelo resto da sua vida?

— Não sabia não, mas tenho certeza que serei uma boa esposa para ele, e que ele irá gostar muito.

— Filha, num *tá* entendendo, ele vai ser um fantasma vivo ao seu lado.

— Não tem problema, eu dou um jeito dele melhorar depois, no momento quero que o preto velho "amarre" ele para mim.

— Você num *qué* é entender, né, filha? Colocou essa ideia na cabeça, e não consegue nem ouvir o que o preto velho tem a dizer, né?

— É que estou tão apaixonada por ele, preto velho, e disposta a tudo para ter o amor da minha vida.

Amarração

— Como pode ser o amor da sua vida, se você quer que eu faça uma "amarração" de amor, filha? Amor da vida da gente é aquele que é correspondido, não aquele que é "amarrado"! Você deve pedir alguém como o seu patrão, ou alguém melhor ainda, e o Alto lhe trará.

— *Tá* bem, preto velho — disse a moça.

— Você *tá* dizendo isso só para terminar a consulta, mas no fundo está decidida a "amarrar" o seu patrão a você, mesmo contra a vontade dele.

A moça ficou envergonhada, pois viu que o preto velho estava lendo os seus pensamentos.

— Numa destas noites, durante esta semana, vou me encontrar com você em sonho, e vou dar a chance de você ver como seria viver ao lado de seu patrão, "amarrado" por feitiço a você, e posso antecipar que você num vai gostar nada, nada, do que vai presenciar.

A consulente ficou assustada, mal conseguindo disfarçar.

Pai Oliveirina, vendo o que se passava no coração da moça, disse:

— Filha, um homem bem melhor está a caminho. Não desperdice a sua vida, nem destrua um casamento por uma paixão arrebatadora. Você tem um lindo futuro à frente. Forme uma família feliz.

A moça desconcertada ainda ousou perguntar:

— Então o senhor não vai mesmo fazer a "amarração", né?

A consulta da apaixonada

— Não vou não, filha. Aqui é uma casa do bem, um terreiro de Umbanda, e, como tal, o nosso compromisso é o de ajudar as pessoas, não o de trazer mais confusão aos que já estão em conflito mental.

A consulente desconcertada calou-se então.

O preto velho ditou umas orientações para Inaê, que deixou que Nyla anotasse, e passou a ministrar passes na moça.

— Você já pode sair, filha — disse o preto velho. — Lembre-se de que ainda nesta semana nos encontraremos, e você vai poder vivenciar aquilo que tanto pensa ser o melhor para si.

A consulta se encerrou e Nyla foi encarregada de levar a moça até a porta.

Um pouco antes de chegar à porteira, Nyla não se conteve.

— Desculpe se ouvi a sua consulta, mas não faça a "amarração" que está pensando, é a coisa pior que você pode fazer na vida. A gente perde a cabeça por paixão, entra nessa "canoa furada", e, quando vê, desgraça a vida da gente inteira.

— Mas a gente não controla o coração — disse a moça.

— Quem não controla as emoções, acaba tendo decepções pelo resto da vida — disse Nyla.

— Você não sabe do que fala — tornou a moça.

— Não só sei, como sofro por um dia ter pensado como você... — E assim despediu-se da consulente.

Capítulo 45

O quiumba

Quando Nyla voltou para junto do preto velho, Inaê disse que o cambone de Mãe Maria d'Além-Mar havia passado lá para pedir que ela fosse até a preta velha, para ter uma consulta.

Nyla então deixou o seu posto de aprendiz de cambone, e dirigiu-se à Mãe Antônia, agora incorporada por Mãe Maria d'Além-Mar.

— A senhora me chamou? — dirigiu-se Nyla respeitosa à preta velha.

— Filha, senta aqui no banquinho, que quero falar com você.

Nyla se sentou, e Mãe Maria d'Além-Mar começou a aplicar passes nela.

Terminada esta parte, a preta velha dirigiu-se a Nyla.

— Filha, queria fazer uma pergunta?

— Queria sim, preta velha. Durante a "cura", ouvi vozes me ofendendo, mas quando abri os olhos não vi ninguém à minha volta, e quando os fechei novamente, me fizeram sentir como uma morta-viva. Pensei que fosse morrer, Mãe Maria d'Além-Mar. Quando voltei a mim, estava toda suada.

O quiumba

— Eram os quiumbas, minha filha, cobrando os erros de seu passado. Você pode ficar sob a lei do carma, e deixar que eles cumpram a lei de talião, ou pode sublimá-lo.

— É claro que quero sublimar o meu carma, preta velha, não suportaria viver perseguida assim.

A preta velha então a olhou nos olhos.

— Filha, teve a sorte de poder ao menos ouvir os seus obsessores. Mesmo com palavras ofensivas, ele puderam entrar em contato com você, o que é muito bom.

— Como assim?

— Ao menos agora você sabe que há espíritos cobrando uma reparação pelo que você fez no passado, e teve a oportunidade de sentir na própria pele o que o seu marido desencarnado passou durante o período em que ficou sob a influência do feitiço da "amarração".

— Estou determinada, preta velha, a reparar os meus erros, tanto é que ontem, tentei encontrar a primeira mulher de meu marido. Saí com a Isabel, procuramos no antigo endereço dele, porém, ela havia se mudado, e ninguém sabia o seu novo endereço. Uma manicure do salão de beleza que ela frequentava ficou de me ligar, quando uma freguesa que saberia onde ele se encontra for ao salão, ou fizer contato com eles.

— Muito bom, filha. E o que você vai fazer agora?

— Agora vou aguardar, né, Mãe Maria d'Além-Mar?

— Pois além de aguardar, você precisa rezar por ela, pelo filho dela e pelo seu marido. Você tem feito isso?

Amarração

— Para ser sincera com a senhora, eu não rezo mais faz um bom tempo, pois tenho tantos afazeres onde trabalho...

— Pois bem, reze. Apesar da Umbanda não ter orações recitadas próprias, você pode rezar um Pai-Nosso, ou uma Ave-Maria, ou até rezar dizendo palavras suas, filha. O importante é a ligação entre você, por quem você reza, e o Alto.

E segurando a mão de Nyla, continuou:

— Continue em frente, vá, procure o seu antigo desafeto, ajude-a, e lembre-se de orar e vigiar os seus pensamentos e atos, como o Cristo recomendava.

Com um sorriso carinhoso, a preta velha falou:

— Filha, não sabe a quantidade de irmãos espirituais que tem ao lado, ajudando-a nesta missão. Se tivesse que dar comida a todos, seu restaurante todo não seria suficiente!

As duas riram e Mãe Maria d'Além-Mar pediu para ela voltar ao posto de aprendiz de cambone.

Capítulo 46

O sonho

A hora já estava adiantada, quando os trabalhos terminaram.

Nyla havia aprendido bastante sobre as funções de cambone com Inaê.

Também pudera, quase quinze atendidos naquela noite!

Seu corpo estava cansado, mas seu espírito estava alegre com todas aquelas palavras de ânimo que ouvira dos guias.

Tinha certeza de que iria conseguir reparar os seus erros ainda nesta vida.

Os médiuns foram desincorporando os seus guias, até que Pai Jair e Mãe Antônia chamaram então a todos, para trazerem os seus Exus, Pombagiras, Exus mirins e Pombagiras mirins em terra, a fim de limparem os seus médiuns e o terreiro.

Nyla novamente ficou assustada com a presença em terra dos guardiões, que vinham rindo, gargalhando, mas sentiu neles uma presença amiga, o que serenou o seu ser.

Depois de todos terem desincorporado os guias de esquerda, os pais de santo então dirigiram-se ao congá — altar do terreiro — e a curimba rufou seus tambores encerrando a gira.

Amarração

Nyla pôde então ver Isabel dormindo com as outras duas crianças, em um colchonete, que fora colocado próximo de onde brincavam, no vestiário.

Isabel abriu então os olhinhos e deu um grande sorriso para Nyla.

Levantou-se correndo e foi ao encontro da mãe.

— Mamãe, sonhei com o papai.

Nyla em meio aos médiuns, que se dirigiam ao vestiário para pegar os seus pertences, falou com Isabel:

— Assim que der você me fala do sonho, está bem?

Isabel estava ansiosa, não conseguia esperar, e tornou:

— Ele estava ao seu lado, enquanto a senhora passava na consulta com a Mãe Maria d'Além-Mar — disse a menina.

— Isabel, agora não! Vamos pegar nossas coisas e você me fala quando estivermos a sós, está bem?

Nyla tinha receio dos detalhes que Isabel poderia contar do seu sonho e não queria que os médiuns ficassem sabendo de seu passado.

Isabel ao ser repreendida pela mãe, ficou contrariada, e, puxando os lábios para a frente, fez "bico".

As duas saíram do vestiário e, como era comum naquele terreiro, foram cumprimentar a mãe e o pai de santo, para então irem então embora.

Na rápida fila dos cumprimentos, lá ia Isabel fazendo "bico".

O sonho

Quando chegou a vez das duas cumprimentarem Mãe Antônia, ela olhou para Isabel e perguntou:

— O que foi, Isabel? Por que está com esta carinha de tristeza?

Nyla gelou por dentro e tentou disfarçar.

— É que ela queria me contar um sonho e eu pedi para ela aguardar. A senhora sabe como são estas crianças, não? Nem sempre sabem esperar a ocasião certa.

Mãe Antônia pediu então para as duas aguardarem, até os filhos saírem.

Os filhos de santo rapidamente saíram e Mãe Antônia, pedindo para o último encostar a porta, se dirigiu a ambas.

— Pois não, Isabel, pode nos contar agora.

E Isabel passou a narrar tudo o que vira durante o sonho.

— Eu via o papai aqui, ao lado da senhora e da mamãe, enquanto ela passava pela consulta com a Mãe Maria d'Além-Mar. Ele estava em uma espécie de maca, com um tampo de vidro, que flutuava, e ao lado dele tinha um homem, todo de branco, parecendo um médico.

E gesticulando com as mãozinhas, continuou:

— O papai parecia que ouvia a consulta também e, à medida que a sua preta velha dava os passes na mamãe, ele os recebia também, pois foi ficando mais corado e vi até um sorriso nos seus lábios.

Amarração

Nyla pegou então um banco para se sentar e Isabel continuou:

— Aí começou a ficar tudo colorido ao lado do médico dele, como se fossem aquelas lâmpadas de Natal. A luz do médico foi aumentando, aumentando, até que a mamãe ficou toda banhada pela luz colorida e o papai também.

Nyla olhava para Isabel, sentindo enorme emoção por tudo aquilo.

— Aí o papai e o médico foram subindo, subindo, até desaparecerem pelo teto do terreiro. E quando olhei para você, mamãe, vi que havia no seu colo uma rosa vermelha, mas que depois sumiu também.

Capítulo 47

Sabedorias de uma
sacerdote de Umbanda

Quando Isabel parou o relato, Nyla, com os olhos úmidos de emoção, olhou para Mãe Antônia, como que pedindo uma palavra de explicação para tudo o que Isabel vira.

— Foi por isso que pedi para que esperassem os seus irmãos de santo saírem, pois senti que precisaria falar desincorporada com vocês duas — disse Mãe Antônia.

E sentando-se próximo à Nyla, falou:

— Nyla, você está em um momento muito encantado em sua vida. Agora deseja reparar o seu passado e toda a espiritualidade colabora com você.

— Que passado, mamãe? Lá de Palmas, no Tocantins?

— É filha, também é — disse Nyla a Isabel.

E Mãe Antônia prosseguiu:

— Vá em frente, Nyla! Quando temos o Alto em nossos corações, somos como um Sol de tanta luz que emanamos de nosso ser. Lembre-se de que as trevas são apenas a ausência da luz. Não existe lanterna de sombra, só de luz.

E desviando seus olhos para o congá, a sacerdote continuou:

Amarração

— Disse um grande sábio, que não importa quantos anos uma caverna tenha ficado em trevas, quando se acende uma luz dentro dela, a luz se faz.

Voltando-se para as duas, Mãe Antônia continuou.

— E essa luz, minha filhas, é o amor. Procurem sempre emitir o amor que há em seus corações. Andem pelas ruas doando o sorriso de seu amor a todos que encontrarem, sejam conhecidos ou não. As pessoas irão sentir isso, minhas filhas, e a luz se dará em seus corações também.

Mãe Antônia então sorriu para elas.

— Gosto muito de citar Pollyanna, personagem de um livro do mesmo nome de uma autora americana, quando diz:

"Sorria, mesmo que o sorriso seja triste, porque mais triste que um sorriso triste é a tristeza de não saber sorrir. Então vamos sorrir pela vida, por aquilo que nos fez sorrir."

Fez-se então enorme silêncio no terreiro.

Os olhos de Nyla ficaram marejados de lágrimas.

— Agora vão — disse Mãe Antônia. — "A pedra que parece impedir que você continue o seu caminho hoje, pode se tornar um degrau para você amanhã", ensinou-nos Osho.

Nyla e Isabel olhavam para Mãe Antônia, tentando absorver tanta sabedoria da sacerdote de Umbanda.

Levantaram-se e, como se estivessem levitando, saíram do terreiro e foram embora para casa.

Capítulo 48

A mudança

No dia seguinte, segunda-feira, Isabel acordou ouvindo a conversa dos empregados na cozinha do restaurante.

Nyla já estava em pé fazia algum tempo e administrava os preparativos para abertura do restaurante na hora do almoço.

Isabel querida, vá lavar o rosto e escovar os dentes, para tomar o café.

— Mamãe, você não está cansada?

— Sim, Isabel, meu corpo sente necessidade de repouso, mas minha mente está em paz e feliz como nunca estive antes. Agora vamos, apronte-se para tomar o seu café.

O restaurante novamente ficou cheio na hora do almoço e naquele dia Nyla sorria a todos de forma especial.

Quando Osíris chegou, notando aquele sorriso, disse:

— Nyla, você está diferente hoje.

— Osíris, hoje sinto que minha vida está se modificando e que vai mudar ainda mais, sempre para o melhor.

— Fico feliz por vê-la sorrir assim e por saber que agora está tão otimista e cheia de pensamentos positivos.

Osíris então entrou, fez o seu prato, e como de costume sentou-se perto de Nyla, que ficava no caixa.

Amarração

Entre um cliente e outro, Nyla perguntou a Osíris.

— Osíris, você já esteve em algum terreiro de Umbanda?

— Cruz-credo! Nyla, não sou dessas coisas não — disse ele assustado.

— Como assim "dessas coisas"?

— É... de ficar fazendo "macumba" por aí para "ferrar" os outros.

— Macumba, Osíris? O que é macumba?

— São estes trabalhos que a gente vê por aí, pela cidade, com bicho morto, sangue por todos os lados.

— Osíris, assim como você, eu também tive muita discriminação contra a Umbanda, porém, Isabel e eu estivemos ontem em um terreiro, que modificou o nosso modo de pensar.

— Você não devia levar a sua filha, tão pequena, para um lugar como estes.

— Como sabe o lugar que fui, se nem falei o nome do terreiro para você?

— É tudo a mesma porcaria, uma pouca-vergonha "essa tal" de Umbanda.

— Osíris, de onde você tirou tudo isso? Por acaso já leu algum livro sobre a Umbanda? Já foi a algum terreiro para ver se é mesmo como as pessoas falam?

— E tem livro sobre a Umbanda?

— São poucos, mas tem sim. Um bom para quem está iniciando é *Afinal, o que é Umbanda?*, da Novo Ser Editora.

A mudança

— Vou lê-lo logo então, antes de pisar em qualquer terreiro de Umbanda, pois só de escutar esse nome já me assusto.

— Faça assim então, Osíris, mas, por favor, abra-se para o novo. Não é você quem diz que o publicitário faz as pessoas se abrirem para o novo? E você, vai se abrir quando?

Osíris ficou sem graça, almoçou e saiu de cabeça baixa, pensativo.

Capítulo 49

O endereço

Quando chegou a noite, a única coisa que Nyla queria era dormir.

Arrumou a cama no quartinho do restaurante, beijou Isabel e como sempre desejou:

— Bons sonhos, filha querida.

— Mas você não vai rezar como a Mãe Maria d'Além--Mar pediu, mamãe?

Só então Nyla lembrou-se de que prometera rezar pela primeira esposa de seu marido, por ele próprio e pelo filho que tiveram.

— Ainda bem que você lembrou — disse Nyla. — Estou tão cansada, você não pode rezar e eu acompanho mentalmente, Isabel?

E Isabel começou.

— Meu Papai do Céu, sagrados Orixás e todos os guias da Umbanda. Protejam o meu papai que está no céu, dentro daquela maca com o tampo de vidro, o menino que vem me pedir ajuda todas as noites e a mãe dele que está doente. Protejam também minha mamãe, eu e todos nós deste planeta Terra. Saravá.

Nyla só teve tempo de pedir para Isabel acrescentar para pedir também por todos do terreiro e também para Osíris, virou-se então de lado e dormiu profundamente.

O endereço

Os dias se passavam e os negócios estavam melhorando.

Nyla já fazia planos para matricular Isabel em uma escola.

Um belo dia, o telefone do restaurante tocou.

— Aqui é do salão de beleza, lembra-se de mim? — perguntou a manicure.

— Claro que sim, como está? — respondeu Nyla ansiosa.

Sem responder à saudação, a manicure continuou:

— Consegui o endereço daquela moça que você veio procurar aqui na região. Quer anotar?

— Sim, só um instante que vou pegar um papel.

Nyla então anotou o endereço e agradeceu.

— Isabel, venha cá. Consegui o endereço!

E correu para mostrar à filha, como quem está de posse de um mapa do tesouro.

— Veja, aqui está. Agora vamos nos preparar para ir até lá.

— E quando iremos, mamãe?

— No próximo sábado, filhinha.

Capítulo 50

O reencontro

Finalmente o sábado chegou.

Nyla, como fazia em todos os finais de semana, deu o seu toque pessoal no restaurante, lavou as roupas e peças que precisava, serviu o almoço e saiu com Isabel para procurar a primeira esposa de seu marido.

Tiveram que tomar algumas conduções para ir ao local, quando finalmente chegaram.

Era uma casa humilde, em um bairro afastado da cidade.

Bateram e veio uma moça atender.

— Meu nome é Nyla. Estou procurando uma moça doente, Acácia, que me disseram morar nos fundos da sua casa.

— Mas o que você é dela?

— Sou uma pessoa que só quer ajudá-la e também o seu filho.

— Você é assistente social?

— Não, sou uma missionária.

— Ah! É crente ou kardecista?

— Nenhum dos dois, sou umbandista.

— Mas na Umbanda também tem missionários?

O reencontro

— Em todas as religiões há missionários, pois realizamos missões.

— Ah, entendi — disse a dona do imóvel, sem entender bem o que ela queria dizer com isso. — Venha por aqui.

Abriu então o portão e conduziu as duas a um pequeno quarto nos fundos da casa.

— Desculpe as perguntas, mas não podia abrir a porta a qualquer uma. Aqui bate todo tipo de gente.

Bateram à porta e perto havia uma pequena janela do tipo veneziana.

— Quem está aí? — perguntou a voz de um menino.

— Sou eu! — gritou Isabel.

A janela se abriu, o menino parecia ter subido em algum móvel para olhar pelo vidro, pois seu cabelo e olhos apareceram atrás do vidro.

Depois desceu correndo e a porta foi aberta imediatamente.

— Meu Deus, então você existe de verdade? — perguntou um menino aparentando ter dez anos, olhando com os olhos arregalados para Isabel.

— Qual é o seu nome? O meu é Isabel.

— Ricardo — respondeu ele.

Ao fundo, uma voz rouca, perguntou:

— Quem é, Ricardo?

— É a menina que fala comigo nos sonhos, mamãe!

Amarração

— Então não era só sonho, é um anjo enviado por Deus! Deixe-a entrar.

Nyla e Isabel entraram.

Se elas achavam o quarto onde dormiam pequeno, aquele era menor ainda.

Mas era tudo como Nyla já havia visto, quando passara por uma consulta no terreiro.

— Ricardo, vem cá, me ajude a ficar mais levantada.

O menino foi então ajudar a mãe.

— Pode deixar que eu a ajudo — disse Nyla indo em direção a Acácia.

Ajudou a colocar umas cobertas atrás dela, para ficar mais ereta.

— Assim está melhor, muito obrigada. Meu nome é Acácia e o seu?

— Meu nome é Nyla — disse ela sem pensar.

— Nyla, não foi você quem roubou o meu marido, foi?

— Vim aqui, pois preciso muito falar com você — disse Nyla sem confirmar ou negar.

— Não existem muitas Nylas por aí, é você mesma, não é?

Acácia então começou a chorar.

As duas crianças ficaram olhando, sem entender o que estava acontecendo.

208

O reencontro

Nyla vendo o estado em que as crianças estavam, pediu para que Ricardo e Isabel saíssem um pouco.

Então encostou a porta.

Capítulo 51

A conciliação

Acácia tomada de medo, gritou:

— Você roubou meu marido e destruiu minha vida! O que veio fazer aqui, me matar?

Nyla aproximou-se da cama e ajoelhou-se ao lado dela.

Forçou um sorriso.

Era o sorriso mais triste de toda a sua vida, e de mãos cruzadas à altura do coração, de cabeça baixa, disse:

-- Agi como uma louca no passado, era uma paixão doentia, que não conhecia limites.

As lágrimas começaram a escorrer dos olhos de Nyla, que continuou:

— Em minha cegueira para conquistar o coração de Francisco e construir a minha vida, destruí a sua família. Agora venho de joelhos implorar o seu perdão.

— Perdão? Como vou lhe perdoar por tudo o que fez? Você destruiu tudo o que eu plantei na vida. Destruiu a minha família, levou o meu marido, que me deixou na rua da amargura por você.

E com lágrimas nos olhos, Acácia continuou:

— Você nem imagina como foi difícil criar o Ricardo, sem dinheiro, desamparada. Aqui em São Paulo não tenho parentes e fiquei com vergonha de voltar à casa de meus

A conciliação

pais, nesta condição. Trabalhei em casa de família para poder trazer o sustento para o lar, porém, esta doença que nenhum médico dos vários postos de saúde onde passei consegue detectar foi me acabando, e hoje moro de favor neste quarto.

Olhando agora para o teto do quarto, como que para conseguir forças para continuar, disse:

— Não sinto forças em meus braços, o corpo dói e só sinto vontade de dormir. No início achavam que fosse preguiça minha, pois sempre fui muito bem tratada pelo Francisco, quando tinha praticamente tudo. Trabalhei mesmo assim, para trazer o pão para casa, mas pouco a pouco fui piorando e não fosse uma antiga amiga me ceder este quarto para morar, não sei o que seria de mim.

Nyla olhou então em seus olhos; seu coração doía de ouvir aquele relato e ver a destruição que sua "amarração" causara.

— Vim aqui para ajudar a reparar todo o mal que fiz — disse Nyla.

— Como reparar, você veio me trazer o Francisco?

— Ele não está mais entre nós, Acácia. Francisco desencarnou — disse Nyla voltando a baixar a cabeça.

— Mas quando foi isso?

— Há alguns meses.

Puxando uma cadeira próxima à cama para se sentar, Nyla então contou sua vida em Palmas, o que passou ao

Amarração

lado de Francisco, as visões de Isabel e a procura para encontrar Acácia.

— E o que você quer agora? — perguntou Acácia.

— Quero ao menos minimizar o mal que fiz a você e ao seu filho.

— Não sei se terá como reparar mais alguma coisa. Você está aí, bela e formosa, e eu aqui acabada nesta cama. Sinto o meu fim chegar.

— Não fale assim, Acácia.

Dizendo isso, levantou-se e foi abrir a porta.

— Isabel e Ricardo, vocês poderiam vir aqui dentro — pediu Nyla. — Tenho uma coisa a dizer a vocês dois.

— O que é, mamãe? — perguntou Isabel.

Com os dois já dentro do quarto, Nyla começou:

— Vocês dois são irmãos, ou melhor, meio-irmãos. Ricardo, você é filho de Acácia e Francisco, e você, Isabel, é minha filha com Francisco.

As crianças ficaram de boca aberta de tanta surpresa.

— Então era por isso que a gente se encontrava em sonhos? — perguntou Ricardo.

— Talvez — disse Nyla —, não sei ao certo. Porém, o importante é que de agora em diante vocês dois não precisarão mais sonhar para se encontrarem. Gostaria de convidar Acácia e Ricardo para morarem conosco.

— Que bom! — disse Isabel.

A conciliação

Depois ficou pensando nas dimensões do quarto onde moravam e perguntou:

— Mas, mamãe, será que vai ter lugar para mais eles dois?

— Isabel, lá não tem lugar nem para nós duas, por isso já estava de olho em um pequeno imóvel lá perto do restaurante. Não é muito grande e precisa de uma boa reforma, mas tem dois quartos, com banheiro independente, uma sala e uma cozinha. Assim cada uma de nós poderá ficar em um quarto com o seu filho.

— Preciso de tratamento, Nyla, não sei se conseguiria sequer me mudar daqui.

— O seu tratamento começa agora — disse Nyla, levantando-se.

Capítulo 52

O espelho

Nyla saiu resoluta e foi em direção ao espelho, tentando retirá-lo dali, mas parecia que ele tinha sido aparafusado na pequena cômoda, em que se encontrava, e nem se mexia nas várias tentativas que ela fez para removê-lo do lugar.

Ela tentou com mais força e nada.

— O que foi? — perguntou Acácia. — Veio aqui para levar este espelho velho?

— Isso mesmo — falou Nyla. — É para o seu próprio bem. Ele está todo enfeitiçado e é ele que faz você ficar assim.

— Pare de mexer aí, Nyla. Toda vez que alguém põe a mão neste espelho, sinto como se uma mão invisível tentasse me sufocar — disse Acácia, tossindo bastante.

— Não estou conseguindo arrancar este espelho daqui — falava Nyla, enquanto procurava de todas as formas soltar o espelho.

Isabel então foi tomada de uma enorme luz. Seu olhar ficou diferente. Irradiava tanto magnetismo de seus olhos que todos ficaram paralisados, silenciosos. Tossiu um pouco e parou.

Até a temperatura do quarto parecia ter baixado.

O espelho

Olhando para todos, sentou-se em um canto da cama, o corpo curvou-se e disse com uma voz macia e calma, que não tinha nada de criança.

— Meus filhos, hoje é um dia muito importante na vida de todos aqui. A luz que se faz agora neste pequeno cômodo é a luz do entendimento e da harmonia. Por várias vidas vocês se desentenderam, mas agora é a hora de todos se perdoarem.

Nyla e Acácia agora estavam com a boca aberta, vendo Isabel incorporar uma preta velha ali naquele humilde quarto.

— Hoje é o dia do grande renascimento de todos aqui, inclusive o da Isabel, a quem peguei emprestado o veículo físico para poder me comunicar com vocês.

O silêncio era total e a preta velha continuou.

— Só há uma forma deste espelho ser retirado de onde está. Vocês quatro precisarão colocar as suas mãos nele e, unidos, puxá-lo. Uma vez solto, Nyla deverá levá-lo até uma encruzilhada e lá deverá colocá-lo voltado em direção ao céu. Vai ser preciso muita determinação de sua parte, Nyla, mas só você poderá fazê-lo, mais ninguém.

Dito isso, a preta velha desincorporou de Isabel, que sentiu um arrepio percorrer todo o seu corpo e voltou como se tivesse acordado de um sonho.

Ricardo foi ao encontro de sua irmã e abraçou-a, perguntando:

— Você está bem, Isabel?

Amarração

Isabel, ainda meio sonolenta, olhou para todos à sua volta e respondeu:

— Nossa, Ricardo, eu fui em um lugar lindo, e nosso pai Francisco estava lá, de pé ao meu lado. Tinha saído daquela maca que voa, com o vidro por cima. Ele me abraçou e pediu para eu abraçar você por ele. Pediu para dizer que está muito feliz com o que está acontecendo aqui e que de onde ele está também vai ajudar a tirar o espelho que está fazendo mal a sua mãe.

Nyla e Acácia ficaram paralisadas ouvindo mais aquilo.

Ricardo então abraçou Isabel e assim sentiu seu pai, que em outro plano o abraçava.

E assim Ricardo fechou os olhos e falou:

— Papai, como é bom sentir o calor dos seus braços novamente! Como é bom sentir o som do seu coração junto ao meu. Você não sabe quanta falta você nos fez, papai. Agora sinto que mesmo morto na carne você vive em espírito e que o seu amor por nós vai sempre nos amparar, como você cuidou de mim e da mamãe quando estava vivo.

Nyla e Acácia choravam emocionadas.

Terminado o abraço, Ricardo falou forte, com a voz grossa de Francisco:

— Todos ao espelho.

Capítulo 53

Os obsessores

Como se os quatro fossem movidos por uma força inimaginável, colocaram suas mãos no espelho, que agora foi deslocado facilmente.

Como havia sido instruído pela preta velha, Nyla pegou o espelho e dirigiu-se à rua.

Ricardo ia à frente, abrindo as portas, acompanhado por Isabel.

Chegando à rua, Nyla pediu para os dois voltarem para o quarto, até ela voltar.

Quando chegou à primeira encruzilhada que viu, Nyla sentiu uma enorme tentação de olhar no espelho.

Tentou desviar esse pensamento, mas uma voz dentro dela como que pedia para que olhasse o espelho.

Mais uma vez, algo dentro de si dizia para não olhar, e outra parte de si pedia para dar só uma olhadinha, ela cedeu.

Olhando pelo espelho, ela viu então o feiticeiro que havia feito a "amarração" em um lugar escuro, parecia que seu corpo estava sujo por uma lama negra que escorria até pelas suas costas.

Em volta, vários seres gritavam exigindo que o feiticeiro os retirassem daquele lugar.

Amarração

Era um lugar escuro, sombrio.

De súbito, o rosto do feiticeiro se fez no espelho.

Nyla levou um susto e por pouco não deixou o espelho cair no chão.

— Olha o que você fez comigo, sua vagabunda — disse o feiticeiro pelo espelho.

Os olhos dele eram vincados por enormes olheiras e estavam vermelhos de tanto ódio.

E ele continuou:

— Você não queria que eu amarrasse o Francisco para você? Eu fiz e agora olha onde eu fui parar por sua causa! Vamos, quebre o espelho, liberte-me, para que eu possa sair daqui e fazer mais alguns "favores" para você.

— Nunca — respondeu ela. — Eu era uma cega, não tinha espiritualidade alguma, e por uma paixão louca, desenfreada, procurei você, que deu vazão à minha loucura, enfeitiçando o Francisco e arruinando a vida de Acácia e Ricardo.

— Fiz isso para ajudá-la e você precisa me ajudar agora — disse então com a voz mais mansa.

— Eu não farei isso, meu coração agora pertence a Deus, aos Orixás e a todos os seres de luz.

— Como ousa me abandonar agora? Vou trazê-la para onde estou e você vai aprender a me obedecer, nem que seja à força! Se não quebrar este espelho — disse agora com a voz cheia de ira —, vou mandar os meus escravos

Os obsessores

darem um jeito de você quebrá-lo e trazer você para onde estou.

Nyla sentiu como se um pé tivesse dado uma rasteira nela e caiu.

Em queda, só teve tempo para gritar.

— Preta velha, me ajuda!

Neste momento tudo pareceu se passar em câmera lenta.

Em queda, o espelho virou-se para a luz do céu, como que dirigido por uma mão invisível.

Ouviu-se neste momento um grito saindo de dentro do espelho, que logo a seguir espatifou-se ao cair no chão.

— Sua desgraçada!

E logo depois fez-se longo silêncio...

Caída, Nyla viu o espelho quebrado.

Vendo os cacos de vidro espalhados pelo chão, ela entrou em pânico.

— Meu Deus, quebrei o espelho, libertei o feiticeiro, o que faço agora?

Uma voz ecoou em sua mente.

— Eu não falei que você não estaria só, filha?

Era ela, Mãe Maria d'Além-Mar.

Era ela sim, e no momento de maior dificuldade estava ali para ajudá-la.

Amarração

Foi dela a mão que virou o espelho para a luz do céu, quebrando assim o último feitiço do feiticeiro, antes que o espelho se quebrasse, e ele ficou preso nos Umbrais.

Nyla ouviu então as gargalhadas típicas dos guias de esquerda, como para mostrar que também estiveram ali o tempo todo protegendo-a do mal.

Levantando-se, agradeceu mentalmente a todos.

Seu corpo doía da queda, sua roupa rasgara na altura do joelho, um caco de vidro cortou a sua mão e uma gota de sangue caiu no meio da encruzilhada.

Capítulo 54

Missão cumprida

Nyla levantou-se, tampou o ferimento com a outra mão, tentando estancar o sangue e mancando um pouco retornou ao quarto de Acácia.

Ao vê-la retornar, Isabel saiu correndo e abraçou a mãe.

— O que aconteceu, mamãe, que a sua calça está toda rasgada no joelho? O que é esse sangue?

— Algum espírito das trevas me deu uma rasteira, bem quando cheguei ao centro da encruzilhada, e caí. Em queda pedi ajuda ao Alto e a ajuda veio, de forma que o espelho se virou para o céu antes de cair. Ouvi então um grito saindo de dentro do espelho, ele se espatifou no chão e eu também. Por isso a roupa rasgou, Isabel, mas agora está tudo bem.

Acácia veio junto a Nyla e disse:

— Nyla, o que se passou aqui modificou tudo o que sempre senti por você. Aprendi mais nesta noite do que em toda a minha vida. Também me modifiquei profundamente.

Puxou Ricardo para junto de si e continuou:

— Sinto a energia novamente circular em meu corpo, sinto-me rejuvenescer. Nyla, agradeço o convite de

Amarração

morarmos juntas, porém, quero viver a minha vida com Ricardo. Quero terminar de criá-lo, como sempre sonhei.

— Entendo o que você fala. Também amo Isabel mais do que a mim mesma. Mas devemos permitir que as crianças se vejam outras vezes, afinal são irmãos.

— É verdade, Nyla. Enquanto você ia para a encruzilhada com o espelho, Isabel contou-nos sobre o terreiro que vocês começaram a frequentar. Pensei que indo lá às giras com Ricardo os dois poderiam se ver todas as semanas, e ao mesmo tempo eu poderia voltar a frequentar uma religião, para me proteger mais e não cair como caí.

— Será uma enorme alegria poder vê-la também, Nyla — falou Acácia.

Abraçaram-se as duas em um abraço demorado, daqueles de pessoas que se reencontram após um longo período distantes.

Era o reencontro de duas almas, antes inimigas, agora unidas pelos laços doces do amor.

Ricardo e Isabel também se abraçaram.

Os irmãos que se encontravam apenas em sonhos, agora estavam se olhando em carne e osso.

Como era grande o amparo do Alto.

Agora viam como a espiritualidade amiga está sempre à nossa volta e não nos desampara nunca.

Capítulo 55

Francisco

No dia seguinte, Nyla e Isabel se dirigiram ao terreiro para trabalharem pelo próximo.

Cumprimentaram a todos, em especial Pai Jair e Mãe Antônia, com um beijo carinhoso.

Nyla estava tão alegre que não parava de sorrir para todos. Era como se tivesse terminado uma guerra interior.

— Nyla, como você está sorridente! — diziam uns.

— Que sorriso lindo! — falavam outros.

— Parece até que ganhou na loteria! — brincavam outros.

— E ganhei mesmo, só que na loteria da vida! — respondeu Nyla com um sorriso maior ainda.

Isabel seguia de mãos dadas com a mãe, como se estivesse conduzindo uma grande heroína.

A Mãe pequena Sofia se aproximou das duas.

— Aqui estão os seus uniformes do terreiro e os primeiros colares de guia de Umbanda.

Quando viu aquilo, Isabel não se aguentou.

Levantando os dois bracinhos para o ar, deu um salto, ao mesmo tempo em que gritou:

— Viva!

Todos em volta riram de tamanha felicidade da menina.

Amarração

— Vamos logo nos trocar, mamãe!

— Só um instante, Isabel — disse a Mãe pequena Sofia.

E, abaixando-se perto de Isabel, falou:

— E o meu beijo?

Isabel deu então um beijo na Mãe pequena, que sorriu e abraçou-a.

— Você é muito especial, Isabel.

— Eu que o diga! — falou Nyla.

— Nyla, estas guias já estão consagradas. Quando você mesma fizer ou comprar alguma outra para os seus guias ou Orixás, fale comigo para eu lhe ensinar como consagrar as guias, está bem? — disse Mãe pequena.

— Pode deixar — respondeu Nyla.

— Agora vamos, mamãe. Quero vestir o uniforme! — falou Isabel, puxando novamente Nyla para o vestiário.

Depois de algum tempo as duas já estavam trocadas, prontas para passar na "cura".

Desta vez Nyla não mais ouviu vozes a ofendendo, como anteriormente, mas, ao contrário, sentiu agora uma enorme alegria.

Quando saiu do banquinho da cura, viu Isabel de boca aberta olhando para ela.

— O que foi, Isabel, que está olhando assim?

— É o papai, mamãe, ele estava ao seu lado o tempo todo na "cura", você não viu?

— Não, Isabel, não tenho a vidência que você tem.

Francisco

— Ele está todo vestido com um roupão branco, sobe e desce no ar.

— Onde, Isabel? — perguntou Nyla.

— Ele está indo em direção ao congá, mamãe. Agora está dando um beijo na Mãe Antônia.

Nyla olhou então para a mãe de santo.

Mãe Antônia tinha acabado de fechar os olhos e sorriu logo em seguida, como se também estivesse vendo o espírito de Francisco, sentindo o seu beijo carinhoso.

Nyla conseguiu então ler nos lábios de Mãe Antônia:

— Vai em paz, meu irmão! Esta casa também é sua.

— Mamãe, o papai agora está subindo, subindo... e sumiu pelo teto, mamãe.

Nyla ajoelhou-se e abraçou Isabel. Seus olhos estavam cheios de lágrimas, mas de alegria, por tudo o que estava se passando com ela.

Sentiu então uma mão em suas costas. Era Mãe Antônia.

Nyla levantou-se, procurando enxugar as lágrimas de emoção.

— Minha filha, grande é a felicidade que todos nós sentimos hoje. Hoje é dia de festa neste terreiro. Bendita seja aquela que reparou os seus erros. Benditas sejam vocês: Isabel e Nyla.

Nyla abraçou Mãe Antônia e Pai Jair, que também viera.

Amarração

Faziam parte de uma grande família agora e Nyla iria fazer tudo o que estivesse ao seu alcance para ajudar os seus irmãos. E não permitiria que outras pessoas, no auge de suas paixões, usassem de magia, para trazer por "amarração" a pessoa amada.

Quem ama, não amarra.

Quem ama, respeita o livre-arbítrio de seu próximo.

Quem ama, sabe que se um amor não foi correspondido é porque outro muito maior e mais harmonioso, a impede de receber menos do que o melhor que o Alto quer lhe dar.

Capítulo 56

Osíris

O tempo passou.

Acácia logo conseguiu um emprego de diarista, o que lhe permitiu dar uma condição de vida melhor para Ricardo.

Mudaram-se do quartinho em que viviam para um quarto maior, em uma pensão.

Ambos agora frequentavam o terreiro, onde Ricardo podia ver a irmã, Isabel, toda semana, conforme Acácia prometera a Nyla.

Como o restaurante de Nyla crescia e precisava de ampliação, ela propôs a Acácia montarem uma filial em uma rua próxima ao restaurante, assim Acácia poderia tomar conta da filial, enquanto Nyla supervisionaria os dois restaurantes.

Acácia aceitou.

O imóvel onde a filial do restaurante estava localizada era bem maior do que o outro, e na parte superior havia dois quartos, sala e banheiro, para onde Acácia pôde se mudar com Ricardo.

Agora os irmãos Ricardo e Isabel poderiam crescer um ao lado do outro.

Amarração

Ambos já iam para a mesma escola, no mesmo ônibus escolar, e um sempre procurava ajudar o outro, tamanha a união havia entre eles.

Osíris, depois de ler o livro sobre Umbanda e depois de muita insistência por parte de Nyla, foi visitar o terreiro onde ela e Isabel trabalhavam o lado espiritual.

Visitou e gostou.

Gostou tanto que todo domingo estava ele lá para receber um passe, ou para passar na consulta.

Osíris não conseguia mais ficar longe de Nyla, quando terminava o expediente no escritório de publicidade, ele se dirigia ao restaurante, "para saber se ela não precisava de alguma coisa, a fim de trazer mais clientes para o restaurante".

O amor entre Osíris e Nyla floresceu naturalmente.

Isabel era só sorrisos quando via Osíris, que apesar de publicitário, acostumado com comunicação, era muito envergonhado nos aspectos sentimentais e no lidar direto com as pessoas.

Até que Isabel resolveu dar uma "ajudinha".

Num dia em que Ricardo e Acácia tinham ido ao restaurante onde ficava Nyla para uma reunião junto com Osíris, ao saírem após tratarem dos novos planos sobre os dois restaurantes, Isabel aproveitou o término da reunião e disse na frente de todos:

— Osíris, por que você e a mamãe não casam? Vocês formam um casal lindo!

Osíris

Osíris ficou vermelho de alto a baixo e Nyla também.

Tentando sair daquela situação, Nyla falou:

— Isabel, meta-se na sua vida, ande, vá estudar para a escola.

— Ela tem toda razão, Nyla — disse Acácia.

— Eu também acho — disse Ricardo.

Osíris e Nyla não sabiam o que dizer.

Nyla então deu um sorriso e disse:

— Bem, agora já chega, vamos todos fazer nossos afazeres — e saiu.

Osíris meio sem graça da situação, deu um sorriso de canto de boca e se despediu também.

No dia seguinte, Osíris não veio para o almoço em seu horário habitual.

— Será que ficou magoado com o que Isabel falara? — perguntava-se Nyla.

Até Isabel sentira a falta, ele parecia um relógio ambulante, nunca se atrasava. Foi falar com a mãe.

— Mamãe!

— Sim — respondeu Nyla no caixa, não disfarçando a tristeza.

— Eu queria pedir desculpas pelo que falei sobre você e o Osíris ontem.

— Está bom, Isabel.

Amarração

— Você ficou triste que ele não veio almoçar ainda, não é?

— Deixa para lá, Isabel. Quem iria querer assumir uma viúva com uma filha para criar, como eu?

— O Osíris, mãezinha.

— O Osíris... ele nem apareceu aqui hoje, ele sempre chegava na hora. Deixa para lá, Isabel, antes só do que mal acompanhada.

— Mamãe, a senhora lembra que Mãe Antônia falou um dia lá no terreiro para a gente sorrir, nem que fosse um sorriso triste?

— Lembro sim, Isabel.

— E lembra também que ela disse para a gente rezar e vigiar?

— Lembro sim, Isabel.

— Então por que a gente não aproveita agora que o restaurante vai fechar para fazermos uma oração juntas?

— Está bem, mas deixa sair este último cliente — falava Isabel entristecida.

O último cliente pagou, e assim que saiu Isabel começou a prece.

— Meu Papai do Céu, meus Orixás, meus guias de Umbanda, abençoem todo mundo deste planeta Terra e tragam a alegria para o coração da minha mamãe, que merece ser feliz.

Assim que terminou a prece, tocou a campainha.

Osíris

Nyla levantou-se e foi até a porta.

— Pois não?

— Vim entregar estas flores.

Nyla ficou curiosa e perguntou.

— De quem são?

— Não sei, não, senhora. Sou apenas o entregador, mas deve ter um cartão junto, eles sempre mandam com as flores. A senhora poderia assinar aqui o recibo?

Nyla assinou o recibo e correu para dentro para ver o que estava escrito no cartão.

Dentro do envelope havia uma carta de duas folhas, toda dobrada para caber em um envelope tão pequeno.

Na carta, Osíris declarava todo o seu amor por Nyla e também pela pequena Isabel.

Agia assim, pois era muito tímido e temia não ser correspondido.

Falava que o amor que sentia era tão grande, que mesmo que não fosse correspondido, pedia para que ela o perdoasse pela declaração de amor e que ao menos ela o deixasse continuar a ver Isabel durante o horário do almoço.

E terminava a carta:

"Eu te amo, Nyla! Sempre a amei, desde a primeira vez que a vi. Assinado, Osíris."

Os olhos de Nyla se encheram de lágrimas e ela abraçou a carta em seu peito.

Amarração

— O que foi, mamãe? — perguntava Isabel, pulando feito pipoca ao seu derredor — foi o Osíris?

Enxugando as lágrimas com as mãos, para que os empregados não a vissem assim, acenou que sim com a cabeça para Isabel.

— Então liga logo para ele! — dizia Isabel cheia de iniciativa, continuando a pular ao redor de Nyla.

Nyla ainda emocionada, pegou o celular e ligou para Osíris.

Ele, percebendo que era Nyla, atendeu receoso.

Antes que Nyla pudesse falar alguma coisa, Osíris ouviu uma vozinha de criança gritar ao fundo:

— Minha mãe também ama você, Osíris!

— Quieta, Isabel! Pare de se meter, menina, e me deixa falar com o Osíris.

Nisso, Osíris respondeu:

— Nyla, estou indo para aí — e desligou o telefone.

Capítulo 57

A união

Osíris então apareceu na porta do restaurante, tendo que tocar a campainha, pois o mesmo já estava fechado.

Nyla foi correndo abrir a porta.

Abriu a porta do restaurante e dos seus corações.

Seus olhos se cruzaram e, não conseguindo dizer qualquer palavra um para o outro, beijaram-se longamente.

Lá dentro do restaurante, escondidos atrás da janela, todos os funcionários olhavam, rindo de felicidade por ver uma cena tão romântica e comovente.

Dali a poucos meses, Osíris pediu Nyla em casamento.

— Só caso se for na Umbanda — disse ela.

— Onde você quiser, minha querida — respondeu ele.

Foi uma festa de casamento muito bonita e sob a luz dos sagrados Orixás.

Osíris e Nyla casaram-se no terreiro.

Isabel e Ricardo foram os pajens, a cerimônia transcorreu com grande emoção para todos os presentes.

Acácia estava presente, foi madrinha de casamento.

Capítulo 58

A reencarnação

Osíris, Nyla e Isabel foram morar em um imóvel perto do restaurante.

Agora finalmente Isabel tinha um quarto só dela e até um grande guarda-roupas para guardar os seus objetos.

Ganhou de presente uma linda boneca, que falava, e para onde ia, a levava, falando com ela como se fosse gente.

Após alguns meses, Nyla começou a notar algo estranho em seu corpo. Sentia um pouco de enjoo e ao tomar café da manhã com Osíris comentou o que estava se passando com ela.

— Mamãe, você está grávida! — disse Isabel.

E saindo da mesa, como que para poder falar com mais facilidade, começou a pular de alegria em volta da mesa e disse:

— No dia do casamento de vocês, o papai estava lá, todo de branco, flutuando no ar como sempre e sorria muito. Ao lado dele tinha mais gente ainda de branco que eu não sei quem era, mas estavam muito alegres. Na noite em que vocês saíram para a lua de mel e eu fiquei com o Ricardo na casa da Tia Acácia, ele apareceu em sonho novamente.

A reencarnação

Osíris e Nyla se olharam, sem dizer palavra.

—Aí o papai disse em sonho que ele iria voltar em breve, e disse também que no dia em que nós três estivéssemos sentados tomando o café da manhã e você se queixasse de enjoo seria a confirmação de que ele estava de volta, agora como meu irmãozinho.

Referências Bibliográficas

CUMINO, Alexandre. *Deus, Deuses, Divindades e Anjos*. São Paulo (SP): Madras, 2008.

GIBRAN, Khalil. *O profeta*. São Paulo (SP): Martin Claret, 2008.

LIU, Da. *T'ai Chi Ch'uan e Meditação*. 10.ed. São Paulo (SP): Pensamento, 1995.

PORTER, Eleanor Hodgman. *Pollyanna*. Disponível em: http://pensador.uol.com.br/autor/pollyanna. Acesso em 17/01/2013.

RAJNEESH, Bhagwan Shree. *Frases de Osho – Pensador*. Disponível em: http://pensador.uol.com.br/frases_de_osho. Acesso em 19/01/2013.

ROHDEN, Huberto. *Einstein – O enigma do universo*. São Paulo: Martin Claret, 2004.

SÁTYRO, Dinan Dhom Pimentel; SÁTYRO, Walter Cardoso. *Afinal, o que é Umbanda?* Rio de Janeiro (RJ): Novo Ser Editora, 2013.

TERESA, Madre. *Frases de Madre Teresa de Calcutá – Pensador*. Disponível em: http://pensador.uol.com.br/autor/madre_teresa_de_calcuta. Acesso em 21/01/2013.

AFINAL, O QUE É UMBANDA?

Dinan Dhon Pimentel Sátyro
e Walter Cardoso Sátyro

ISBN 978-85-63964-81-6 | 14 x 21 cm | 160 págs.

Este livro foi escrito para você, que tem interesse em conhecer um pouco mais sobre esta religião que tanto tem ajudado a levar um pouco de paz e alento às pessoas, como fez por nós.

Procuramos ilustrar com fotos, para que você tenha maior familiaridade com os temas, de forma que possa entrar em um terreiro tendo um pouco mais de conhecimento do que tínhamos quando adentramos pela primeira vez.

Com uma linguagem clara e objetiva, procuramos abordar vários temas importantes na Umbanda, de maneira que ao chegar ao final do livro você tenha uma ideia fidedigna e bem ordenada sobre a Umbanda, deixando então você livre para procurar outras fontes de leitura a fim de aprofundar os seus conhecimentos sobre a nossa religião.

Esta obra foi produzida nas
oficinas da Imos Gráfica e Editora na
cidade do Rio de Janeiro